— 성령시리즈 II

성령의 임재와 치유의 기적

이상열 저

머리말

예수님께서 이 땅에 오신 가장 큰 목적은 죄에 빠진 영혼을 죄악의 구렁텅이에서 건져내시고 해방시키기 위한 것이다.

그러나 예수님을 믿고 따르는 자는 죄 사함의 능력만을 받는 것이 아니라 그 영혼이 구원받음과 동시에 그의 육체가 고통 중에서 해방된다.

즉, 예수님께 나아온 중풍병자가 죄사함과 더불어 병고침을 받았고, 혈루증 걸린 여인도 병고침과 동시에 구원을 받았다.

그러므로 오늘날 우리는 많은 사람들이 고통과 아픔을 위해 기도해야 되고, 그들을 위해 복음 전파 및 치유 사역을 통해 그들의 고통을 덜어주는 자들이 되어야 할 것이다.

21세기에 교회 회복을 위한 운동은 병고침의 치유 사역을 통해 이루어질 것이다. 예수님의 사역은 복음 선포, 가르침과 더불어 치유의 사역을 하셨다.

눅 4:18~19 "주의 성령이 내게 임하셨으니 이는 가난한 자에게 복음을 전하게 하시려고 내게 기름을 부으시고 나를 보내사 포로된 자에게 자유를, 눈먼 자에게 다시 보게 함을 전파하며 눌린 자를 자유

머리말

케 하고 주의 은혜의 해를 전파하게 하려 하심이라 하였더라"

    오늘날 많은 사람들이 심적 불안과 고통에 사로잡혀 괴로워하고 육체적으로 질병의 고통 가운데 살아가고 있다.
    그래서 치유가 절실히 필요한 세대에 우리는 살고 있다. 이 아픔과 고통을 누가 치유해 줄 것인가? 그것은 예수님만이 하실 수 있는 것이다.

    병고침의 치유 사역은 현대를 살아가는 우리에게 중요하다. 이 치유 사역은 하나님이 우리에게 주신 지상 명령이다.
    지난 몇 년간의 병고침의 치유 사역을 통해 볼 때 병고침의 치유 사역은 초대 교회 시대에 종결된 것이 아니라 어제나 오늘이나 영원토록 변함이 없고, 예수님의 병고침의 역사는 21세기에도 계속해서 일어날 것이다.

    이 책의 목적은 병고침의 사역을 통해 교회가 회복되고, 하나님 나라가 전파되고, 영혼 구원이 이루어지고 하나님의 살아계심을 보여주기 위한 목적이 있다.

머리말

　우선 이 책을 쓸 수 있도록 사랑을 베풀어 주신 주님께 무한한 감사와 영광을 돌린다. 또 이 책이 세상에 나오도록 기도로 도움을 주신 동역자 분들에게 감사를 드린다.
　특히 안디옥 교회 성도 님들과 내 곁에서 위로와 격려를 해 준 안연희 사모와 사랑하는 아들 요한에게 이 책을 바친다.

　　　　　　　　　　　신길동에서　저자 이상열

CONTENTS

차 례

제 1 장
치유의 중요성 / 14

제 2 장
병고침은 하나님이 준비하신다 / 18

제 3 장
치료자이신 예수 그리스도의 사역 방법 / 24

제 4 장
안수를 통한 병고침 사역 / 36

제 5 장
성령의 능력으로 병고침 사역 / 42

제 6 장
예수의 이름으로 병고침 사역 / 52

제 7 장
말씀으로 병고침 사역 / 60

제 8 장
믿음의 기도로 병고침 사역 / 66

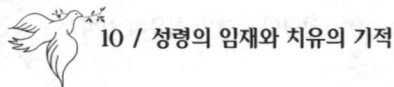

차 례

CONTENTS

제 9 장
치유를 위한 기도 / 70

제 10 장
치유의 방법 / 74

제 11 장
치유 받을 것을 선언하라 / 84

제 12 장
치유의 권세와 능력 / 92

제 13 장
치료의 기적 / 100

제 14 장
치유가 필요할 때 / 108

제 15 장
치유를 믿어라 / 118

제 16 장
영적 치유 / 130

1
치유의 중요성

내 이름을 경외하는 너희에게는
의로운 해가 떠올라서
치료하는 광선을 발하리니
너희가 나가서 외양간에서 나온
송아지 같이 뛰리라 (말 4:2)

질병은 비정상적인 것 혹은 깨어진 관계라고 할 때 건강은 조화된 관계라고 볼 수 있다. 그러므로 즉, 질병이란 자신, 이웃 그리고 하나님과 불균형이 이루어진 상태라고 볼 수 있다.

하나님은 우리가 건강하게 살기를 원하신다. 병고침은 하나님의 약속의 한 부분이다. 그리고 병고침은 예수께서 이 땅에 계셨을 때 그의 사역에 중요한 부분을 차지하였다.

그러므로 치유는 사탄과 죄로 인해 손상된 부분이 하나님의 능력으로 온전하게 회복되는 것을 말한다. 그것은 또한 하나님과 피조물과 이웃과 자신에 대한 관계 회복도 되는 것이다.

가장 중요한 사실은 하나님을 충분히 알려면 우리는 치료자로서의 하나님을 알아야 한다는 것이다(출15:26). 하나님은 세상을 사랑하셨고, 창조물을 사랑하셨다. 그러므로 하나님은 참새 한 마리도 허락지 않고는 땅에 떨어지지 않는다고 말씀하셨다. 하나님의 치유는 오늘날에도 예수 그리스도의 이름으로 역사한다.

저자는 미국 켄터키 주 집회에서 주님의 치유의 능력을 믿는 사람들을 앞으로 나오도록 권유했고 예수 그리스도의 이름으로 이 시간에 치유 받는다는 사실을 믿으라고 하였을 때, 하나님의 능력이 그들 속에서 역사하고 있음을 보게 될 때 위암 말기, 간경화, 관절, 기관지 천식 등 많은 병들이 치유를 받게 되었다.

예수께서 이 땅에 오신 가장 큰 목적은 죄에 빠진 우리들의 영혼을 죄악의 구렁텅이에서 건져내심으로 해방시키기 위함이었다. 그러나 예수님을 믿고 따르는 자는 죄 사함의 능력만을 받는 것이 아니라 그 영혼이 구원받음과 동시에 그의 육체가 고통 중에서 해방된다.

주님께 나아온 중풍병자가 죄사함과 더불어 병고침을 받았고(눅5:23~24), 혈루증 걸린 여인도 병고침과 동시에 구원을 얻었다(눅 8:44,48). 그러므로 그리스도의 몸된 지체로서 우리들도 이 치유 사역을 감당해야 될 것이다. 즉, 예수님께서는 표적과 기사를 보이심으로 자신이 하나님의 아들이심을 증거 하

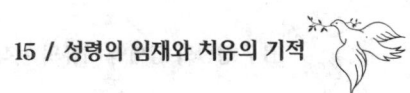

였다. 그러므로 우리 믿는 자들은 그리스도의 제자로서 그분의 권능(행 4:28~31)을 가지고 표적과 기사를 나타내야 한다.

2
병고침은 하나님이 준비하신다.

너희가 너희 하나님 나 여호와의 말을 청종하고
나의 보기에 의를 행하며
내 계명에 귀를 기울이며 내 모든 규례를 지키면
내가 애굽 사람에게 내린 모든 질병의 하나도
너희에게 내리지 아니하리니
나는 너희를 치료하는 여호와임이니라 (출15:26).

출 15:26 "나는 너희를 치료하는 여호와임이니라"

하나님 아버지는 치료자로서 우리를 위하여 건강을 준비해 놓으셨다.

이 땅에 예수님을 보내셔서 마귀의 일을 멸하게 하시고, 치료자로서 사역을 하시게 하시며, 예수님은 그의 제자들에게 병 고침의 사역을 할 수 있는 권능을 주심으로 치료의 사역을 준비하셨다.

사 53:3~4 "그는 멸시를 받아서 사람에게 싫어 버린 바 되었으며 간고를 많이 겪었으며 질고를 아는 자라 마치 사람들에게 얼굴을 가리우고 보지 않음을 받는 자 같아서 멸시를 당하였고 우리도 그를 귀히 여기지 아니하였도다. 그는 실로 우리의 질고를 지고 우리의 슬픔을 당하였거늘 우리는 생각하기를 그는 징벌을 받아서 하나님에게 맞으며 고난을 당한다 하였노라"

여호와의 종이 우리의 온갖 질병을 대신하여 앓고, 우리가 당해야 될 고통을 대신 당하셨다. 그가 우리 대신에 채찍에 맞아 우리 몸이 성하게 되었다.

사 58:6 "나의 기뻐하는 금식은 흉악의 결박을 풀어 주며 멍에의 줄을 끌러 주며 압제 당하는 자를 자유케 하며 모든 멍에를 꺾는 것이 아니겠느냐"
벧전 2:24 "친히 나무에 달려 그 몸으로 우리 죄를 담당하셨으니 이는 우리로 죄에 대하여 죽고 의에 대하여 살게 하려 하심이라 저가 채찍에 맞음으로 너희는 나음을 얻었나니"

예수님께서 우리의 연약한 것, 질병, 고난과 무겁게 매고 있는 멍에를 친히 담당하셨다. 그러므로 우리는 예수 그리스도의 능력과 이름을 믿음으로 질병에서 놓임과 매고 있는 멍에에서 자유함을 얻을 수 있다.

건강하게 사는 것은 하나님의 준비하심과 하나님 아버지께서 그의 백성을 위한 하나님의 계획이다. 하나님의 이름의 하나인 "여호와 라파"는 치료하는 여호와 하나님이시다. 예수께서 사탄에게 승리하심으로 준비하셨고, 연약한 것으로부터 얻을

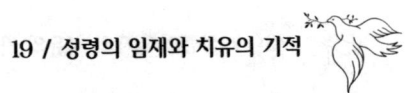

수 있게 하셨다.

하나님은 우리에게도 성령을 보내주셔서 병고침의 능력을 주셨다. 어제나 오늘이나 영원토록 동일하시고 지금도 살아 계신 하나님은 우리에게 하나님의 말씀과 병고침의 능력을 믿는 자들에게 권능을 주시고(막 16:17~18) 병고침의 역사가 일어나게 하시며, 약속과 능력을 체험케 하신다.

하나님은 무엇이든지 하실 수 있다.

저자는 미국에서 급한 전화를 받았다.
"목사님, 제 조카가 7층에서 떨어져서 지금 사경을 헤매고 있습니다. 목사님이 가셔서 기도를 해 주시기를 원합니다."
전화를 받고 저자는 야간열차를 타고 광양제철소 병원으로 향했다. 도착하고 보니 아침이었다. 택시를 타고 병원에 도착하였을 때 그 환자는 사경을 헤매고 있었고, 온 몸은 완전히 다 부서진 상태였다.
저자는 그 환자를 보면서 기도하였다.
"주님, 주님은 사랑의 하나님이십니다. 반드시 주님께서 이 청년에게 치유의 은총을 베풀어주실 줄 믿습니다. 저는 주님의 권세와 능력을 믿습니다. 주님은 무엇이든지 하실 수 있는 분이십니다"라고 기도하고, 저자는 죽음의 영을 예수의 이름으로 묶기 시작했고, 그리고 죽음의 영을 예수의 이름으로 쫓아냈다. 그리고 기도하는 시간에 주님의 빛이 청년에게 임하는 것을 보고 모든 것을 주님께 맡기고 서울을 향하는 기차를 탔다.

그리고 두 달 후에 소식을 들었을 때, 그 청년은 완치되어 병원에서 퇴원하였고 직장에 복직하여 다니고 있다는 소식을 들었다.

저자는 위대하시고 치료자이신 하나님께 감사와 영광을 돌려드렸다.

3 치료자이신 예수 그리스도의 사역방법

저자는 어느 날, "주님, 저는 병고침의 사역을 하기를 원합니다"라고 기도할 때, 주님께서 "너는 나의 사역을 배우기를 원하노라"고 말씀을 하셨다. 그래서 "주님! 주님의 사역을 어디서 배울 수 있습니까?"라고 묻자 주님은 말씀하시기를 사복음서 (마, 막, 눅, 요) 책에 기록되어 있다고 가르쳐 주셨다. 그때부터 주님의 사역을 다시 연구하기 시작했고, 또 그렇게 병고침의 사역을 할 때 놀라운 치유의 역사가 일어나기 시작했다.

열병 병고침의 사역

막 1:30~31 "그 손을 잡아 일으키시니 열병이 떠나고"
막 8:14~15 "그의 손을 만지시니 열병이 떠나가고"
미국 테네시 주 집회 때 저자는 목사님의 부탁으로 중풍병자

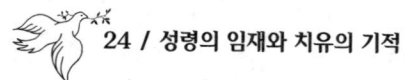

를 심방하게 되었다.

그 환자는 오른쪽 팔 다리가 마비상태로 있었다.

"주님, 이 환자를 위해서 기도합니다. 주님의 치료하심이 있기를 원합니다"라고 기도할 때 주님께서 말씀하시기를 "그 여종의 마비된 오른쪽 팔 다리를 만져라"하는 것이었다. 그래서 팔 다리를 30분 정도 만지면서 주님의 이름으로 치료될 것을 기도할 때 환자는 완전히 치료받게 되었다.

눅 4:38~39 "열병을 꾸짖으신대 병이 떠나고"

병고침의 사역 중에서 병을 꾸짖을 때 치유의 역사가 일어나는 것을 저자는 수없이 경험했다.

문둥병 병고침의 사역

막 1:40~42 "예수께서 민망히 여기사 손을 내밀어 저에게 대시며 가라사대 내가 원하노니 깨끗함을 받으라"
마 8:2~3 "내가 원하노니 깨끗함을 받으라"

병고침의 사역 중에 주님의 뜻을 먼저 알아야 한다.

주님의 뜻은 그 백성들이 치료받고 건강하기를 원하신다.

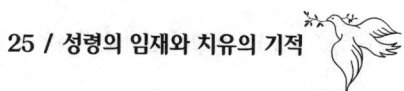

"내가 원하노니 깨끗함을 받으라." 이것이 주님의 뜻이다. 그래서 주님은 당신을 치료해 주시길 원한다. 이 시간에 당신은 치료받을 것이다. 그 이유는 주님의 뜻은 당신이 치료되기를 원하기 때문에 그렇다. 주님은 치유되기를 원하시기 때문에 우리는 치료받을 수 있다.

중풍병자 병고침의 사역

마 9:5~7 "네 죄 사함을 받았느니라 하는 말과 일어나 걸어가라 하는 말이 어느 것이 쉽겠느냐 그러나 인자가 세상에서 죄를 사하는 권세가 있는 줄을 너희로 알게 하려 하노라 하시고"

병고침의 사역 중에 회개 기도를 통해 일어나는 치유의 역사를 늘 놀랍게 경험하게 된다. 주님은 사람의 육신의 병도 중요하지만 영혼의 병을 먼저 보시고 중요시 하시기 때문에, 회개 기도를 할 때 주님의 용서함을 통해 치유의 은총이 임하게 되는 것이다.

혈류병 병고침의 사역

마 9:20~22 "딸아 안심하라 네 믿음이 너를 구원하였다 하시니 여자가 그 시로 구원을 받으니라"

병고침의 사역 중에 중요한 것은 믿음이다.
사역 중에 사역자나 기도를 받는 자가 믿음을 잃어버리면 아무 역사가 나타나지 않는 것을 수없이 경험해 왔다.
그러나 믿음을 가지고 사역을 하고, 믿음을 가지고 기도 받을 때 하나님의 놀라운 치유의 능력을 체험하게 된다. 믿음은 승리하기 위해 필수적인 것이다. 오늘도 하나님은 믿는 자들에게 역사해 주신다.

벙어리 귀먹고 간질병 병고침의 사역

마 17:19~20 "이 때에 제자들이 조용히 예수께 나아와 가로되 우리는 어찌하여 쫓아내지 못하였나이까 가라사대 너희 믿음이 적은 연고니라"

믿음을 통해서 치유의 사역을 할 수 있고 치유가 일어난다.

소경의 눈 병고침의 사역

마 20:33~34 "예수께서 민망히 여기사 저희 눈을 만지시니 곧 보게 되어"

병고침의 사역 중에 눈 시력이 나쁘고 시력을 잃어버렸던 사람들을 사역현장 속에서 주님께서 치료해 주셨는데, 사역 중에 손을 눈에 대고 예수 그리스도의 이름으로 기도할 때 시력이 회복되는 놀라운 역사들이 일어났다.

동일하게 병고침의 사역을 할 때 동일한 역사를 우리는 맛볼 수 있다.

가나안 여인의 딸을 병 고치는 사역

막 7:27~30 "예수께서 이르시되 자녀로 먼저 배불리 먹게 할지니 자녀의 떡을 취하여 개들에게 던짐이 마땅치 아니하니라"

병고침의 사역 중에 죄인임을 시인할 때 그 치유의 역사를 빠르게 나타난다. 병고침의 사역 중에 죄인임을 고백하고 주님의 긍휼을 기다릴 때 치료의 은총을 받게 된다.

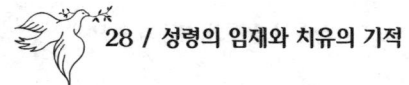

각색 병 병고침의 사역

눅 4:40 "예수께서 일일이 그 위에 손을 얹으사 고치시니"

병고침의 사역 중에서 아픈 부위에 손을 얹고 기도하는 것은 치유 사역 중에 중요하다. 미국 아이다호 주에서 집회를 인도할 때 한 미국 사람이 대장암 병을 지니고 집회에 참석했는데, 저자가 그 아픈 부위에 손을 얹고 예수 그리스도의 이름으로 기도할 때 그 미국 사람의 입에서 왜 이렇게 아픈 부위가 뜨거우냐고 반문하는 것이었다. 그래서 지금 이 시간에 아픈 부위를 성령의 불로 태우고 있으니 믿음으로 받아들이라고 했다.

그리고 2년 후에 다시 아이다호 주에 집회 인도차 갔을 때 그 미국 사람을 건강한 모습으로 만나게 되었다.

곱사병 병고침의 사역

눅 13:11~13 "예수께서 보시고 불러 이르시되 여자여 네가 네 병에서 놓였다 하시고 안수하시매 여자가 곧 펴고 하나님께 영광을 돌리는지라"

병고침의 사역 중에서 중요한 것은 믿음을 가지고 병나음을 먼저 선포하고 기도할 때 치료의 역사가 급속하게 이루어진다. 저자의 사역 중에서도 "하나님께서 이미 당신의 병을 치료해 주었습니다"라고 선포하고 기도사역을 할 때 치료의 확률이 높다는 것을 알 수 있었다. 질병의 치료는 주님께서 하시기 때문에 주님께 맡기고 치유 사역을 하면 된다.

고창병 병고침의 사역

눅 14:2~4 "예수께서 대답하여 율법사들과 바리새인들에게 일러 가라사대 안식일에 병 고쳐 주는 것이 합당하냐 아니하냐 저희가 잠잠하거늘 예수께서 그 사람을 데려다가 고쳐 보내시고"

병고침의 사역을 하다보면 수많은 방해를 받게 된다. 방해하는 세력을 먼저 제거하고 사역을 하면 쉽게 치유 사역의 효과를 볼 수 있다.

열 명의 문둥병 병고침의 사역

눅 17:12~14 "가라사대 가서 제사장들에게 너희 몸을 보이라 하셨더니 저희가 가다가 깨끗함을 받은지라"

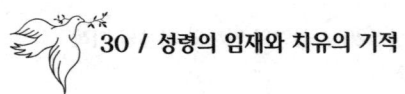

병고침 사역 중에 또 하나의 중요한 것은 순종이다. 하나님의 말씀에 순종하고 그 말씀에 따라 행할 때 치료의 역사가 일어난다.

귀먹고 어눌한 병고침의 사역

막 7:32~35 "손가락을 그의 양 귀에 넣고 침 뱉아 그의 혀에 손을 대시며 하늘을 우러러 탄식하시며 그에게 이르시되 에바다 하시니 이는 열리라는 뜻이라 그의 귀가 열리고 혀의 맺힌 것이 곧 풀려 말이 분명하더라"

저자의 병고침 사역 중에서 귀가 들리지 않는 사람들에게 치유 사역을 할 때, 똑같은 방법으로 양 귀에 손가락을 넣고 "열리라"고 할 때 많은 사람들이 치유가 이루어지는 것을 보고 치유하시는 하나님께 영광을 돌렸다.

죽은 나사로를 살린 치유 사역

요 11:43~44 "큰 소리로 나사로야 나오라 부르시니 죽은 자가 수족을 베로 동인 채로 나오는데 그 얼굴은 수건에 싸였더라 예수께서 가라사대 풀어놓아 다니게 하라 하시니라"

병고침의 사역 중에서 주님께서 우리에게 허락한 권세로 명령하고 치유 기도할 때 치유의 역사는 이루어진다.

막 16:17~18 "믿는 자들에게 이런 표적이 따르리니 곧 저희가 내 이름으로 귀신을 쫓아내며 새 방언을 말하며 뱀을 집으며 무슨 독을 마실지라도 해를 받지 아니하며 병든 사람에게 손을 얹은 즉 나으리라 하시더라"

한 벙어리 귀신들린 자를 고치는 병고침의 사역

눅 11:14~20 "내가 만일 하나님의 손을 힘입어 귀신을 쫓아내는 것이면 하나님의 나라가 이미 너희에게 임하였느니라"

병고침의 치유 사역 중에서 가장 중요하다고 생각하는 것은 주님의 능력을 받는 것이다. 주님의 능력을 덧입고 치유 사역을 할 때 많은 사람들이 질병의 결박에서 풀어지는 것을 볼 수 있었다.

예수님은 지금도 치료하시고자 하는 바램이고, 치유 받기를 원하는 모든 자들에게 치료해 주신다. 치료자인 예수 그리스도를 믿기를 바란다. 주님은 말씀하신다.

"내가 원하노니 깨끗함을 받으라"

하나님은 무엇이든지 하실 수 있다.

저자는 목회 초년 기에 유방암 말기 환자를 만나게 되었다. 그 환자는 며칠을 넘기기 어려운 상태에 있었다.

그러나 저자는 반드시 치료자이신 하나님께서 그 환자를 치료해 주실 것을 확신하였다.

그 환자를 위해서 하루에 세 번씩 예배와 기도 사역을 하였다. 그 시간은 자그마치 두 달 가량의 긴 시간이었다. 그럴 때마다 사단은 의심을 저자에게 가져다 주면서 포기하라고 수없이 속삭였다.

그러나 저자는 "하나님은 이 딸을 사랑한다. 그리고 반드시 치료해 주실 것이다"라고 수없이 고백을 하였다.

그러던 어느 날 성령의 음성이 들려왔다. "사랑하는 종아, 너는 저 딸을 위해 기도해 주어라. 하지만 너는 손만 머리에 얹어라. 치료는 내가 할 것이다." 성령의 음성이 들려오는 순간 저자는 그 자리에서 일어나 환자가 있는 곳으로 발걸음이 옮겨졌고, 손은 나도 모르는 사이에 그 환자의 머리에 얹어 있었다. 그

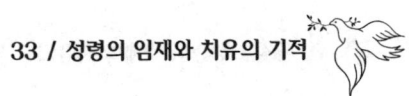

순간 배에 찼던 복수가 쏟아지면서 하나님의 치유의 역사가 일어나기 시작하였다. 저자는 하나님의 치유의 은총에 너무 감격하여 하나님을 찬양하였고 기쁨의 눈물이 한없이 흘러 나왔다.
"위대하신 하나님, 치료의 하나님을 찬양합니다."

4
안수를 통한 병고침 사역

믿는 자들에게는 이런 표적이 따르리니
곧 저희가 내 이름으로 귀신을 쫓아내며
새 방언을 말하며 뱀을 집으며
무슨 독을 마실지라도 해를 받지 아니하며
병든 사람에게 손을 얹은즉
나으리라 하시더라(막 16:17-18).

 안수는 손을 머리에 얹고 기도하는 것을 말한다. 예수께서는 "믿는 자에게는 이런 표적이 따르리니"라고 말씀하심으로써 믿음을 가지고 손을 얹고 기도할 때 치유의 표적이 나타남을 말씀하고 계신다. 그래서 막 9:23에서 "할 수 있거든 이 무슨 말이냐 믿는 자에게는 능치 못할 일이 없느니라"고 말씀하셨다.

 하나님의 초자연적인 기사와 역사를 기대하지만 중요한 것은 믿음을 갖고 손을 얹고 기도하는 것이다. 즉, 하나님을 온전히 신뢰하고 전폭적으로 믿음을 갖고 손을 얹고 기도한다면 치유의 역사는 일어난다는 것이다.

 저자는 사역 속에서 앉은뱅이를 치유하는 사역이 있었는데, 사도행전 3:6의 말씀을 가지고 명령을 하면서 "베드로가 가로되 은과 금은 내게 없거니와 내게 있는 것으로 네게 주노니 곧 나사렛 예수 그리스도의 이름으로 일어나 걸어라 하고" 일으켜 세웠다. 그런데 그 환자는 일어나면서 넘어지고 일어나면서 넘어지고 반복적으로 그 넘어지는 상태가 되자 저자는 믿음을 잃게 되었다. 그래서 옆에 있는 사람에게 그 환자의 손을 잡아주도록 하였다. 그러자 그 환자는 "나는 일어날 수 있습니다." 그럴 때 저자의 마음에서는 회개하기 시작하였다. 믿는 자들에게는 병든 사람에게 손을 얹은 즉 나으리라 하였는데 나의 믿음이 하나님을 향한 믿음이 없었기 때문에 바로 회개 기도를 한 후 다시 예수의 이름으로 기도할 때 그 환자는 걷게 되었다. 즉, 우리에게는 그리스도의 이름의 권세가 있다는 것이다. 그리스도께서는 항상 우리편에 계시며 우리를 도와 주신다. 그리고 그 승리를 우리의 것으로 만들어 주신다.

손의 능력

행 5:12 "사도들의 손으로 민간에 표적과 기사가 많이 되매 믿는 사람이 다 마음을 같이하여 솔로몬 행각에 모이고"
시 37:24 "저는 넘어지나 아주 엎드러지지 아니함은 여호와께서 손으로 붙드심이로다."
요 10:28~29 "내가 저희에게 영생을 주노니 영원히 멸망치 아니할 터이요 또 저희를 내 손에서 빼앗을 자가 없느니라 저희를

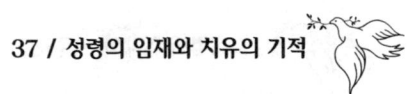

주신 내 아버지는 만유보다 크시매 아무도 아버지 손에서 빼앗을 수 없느니라"
막 5:41 '그 아이의 손을 잡고 가라사대 달리다굼 하시니 번역하면 곧 소녀야 내가 네게 말하노니 일어나라 하심이라"
막 1:31 "나아가사 그 손을 잡아 일으키시니 열병이 떠나고 여자가 저희에게 수종드니라"
사 41:13 "이는 나 여호와 너의 하나님이 네 오른손을 붙들고 네게 이르기를 두려워 말라 내가 너를 도우리라 할 것임이니라"
사 41:10 "두려워 말라 내가 너와 함께 함이니라 놀라지 말라 나는 네 하나님이 됨이니라 내가 너를 굳세게 하리라 참으로 너를 도와 주리라 참으로 나의 의로운 오른손으로 너를 붙들리라"
시 139:10 "곧 거기서도 주의 손이 나를 인도하시며 주의 오른손이 나를 붙드시리이다"

아픈 곳에 손을 얹고 기도하는 것이 효과적이다.

병고침의 사역 중에서 아픈 곳에 손을 얹고 기도할 때 치유의 역사가 급히 이루어지는 것을 볼 수 있다. 그래서 안수 기도할 때 머리에만 손을 얹고 기도하는 것이 아니라 아픈 부위에 손을 얹고 기도할 필요가 있다. 아픈 부위에 손을 얹고 기도할 때 저자는 치료의 역사가 더 빠르게 나타나는 것을 보았다.

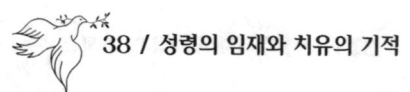

하나님은 무엇이든지 하실 수 있다.

저자는 잘 아는 권사님으로부터 미국에서 걸려온 전화를 받았다.
"목사님, 저의 오빠가 갑자기 쓰러졌습니다. 자녀들 결혼식 때문에 서울에 갔었는데 갑자기 쓰러졌습니다. 목사님 기도를 부탁합니다. 지금 저의 오빠는 강남 성모 병원 중환자실에 입원해 있습니다."

저자는 전화를 받고 하나님께 기도를 했다. 그 환자의 상태를 알기 위해서, 그 환자의 상태는 몇 시간을 넘기기 어려운 위급한 상태인 것을 저는 알게 되었고, 그래서 병원에 가면서 저는 치료자이신 하나님께 기도했다.

"주님, 그 영혼을 불쌍히 여겨 주시기 바랍니다. 그 영혼을 사랑해 주시기 바랍니다. 그 자녀들이 결혼한 날입니다. 주님 도와 주시기 바랍니다."

기도하는 동안 병원에 도착하였고, 중환자실에 올라갔을 때 의사의 말을 듣게 되었는데, 이제는 장례 준비를 하라고 말하는 것이었다.

그러나 저자는 치료자이신 하나님을 믿었다. "아니야, 하나님은 반드시 살려 주실 것이다." 그리고 저자는 환자의 가슴에 손을 얹고 기도하면서 먼저 죽음의 영을 묶고, 죽음의 영을 예수의 이름으로 쫓아내고 치료자이신 주님께 모든 것을 맡겨 드렸다.

그리고 한달 후에 들은 소식은 그 환자는 완전히 치료받고 미국에 돌아갔는데, 그 환자의 말은 본인 자신이 사경을 헤맬 때 어둠의 세력들이 자기를 쇠사슬로 묶어서 끌고 가려는 순간 누군가 자기 몸에 손을 대는 순간 쇠사슬이 풀어지고 빛이 안으로 들어오는 것을 느꼈다는 것이다.

저자는 대하 20:6의 말씀이 생각났다.

"주의 손에 권세와 능력이 있사오니 능히 막을 사람이 없나이다"

위대하신 하나님을 찬양합니다. 할렐루야!

5 성령의 능력으로 병고침 사역

곧 요한이 그 세례를 반포한 후에 갈릴리에서 시작되어 온 유대에 두루 전파된 그것을 너희도 알거니와 하나님이 나사렛 예수에게 성령과 능력을 기름붓듯 하셨으매 저가 두루 다니시며 착한 일을 행하시고 마귀에게 눌린 모든 자를 고치셨으니 이는 하나님이 함께 하셨음이라 (행 10:37-38).

    오늘날도 하나님은 성령을 통하여 여러 가지 능력을 행하신다. 그래서 병고침의 역사는 성령의 권능으로 이루어진다.

    예수님은 성령의 권능으로 사역을 하였다.

    행 10:37~38 "곧 요한이 그 세례를 반포한 후에 갈릴리에서 시작되어 온 유대에 두루 전파된 그것을 너희도 알거니와 하나님이 나사렛 예수에게 성령과 능력을 기름 붓듯 하셨으매 저가 두루 다니시며 착한 일을 행하시고 마귀에게 눌린 모든 자를 고치셨으니 이는 하나님이 함께 하셨음이라"

    예수님이 참 인간의 모습으로 이 땅에 사시는 동안에 하나님은 끊임없이 성령과 능력으로 당신의 아들과 함께 하셨다. 예수님은 지극히 평범한 인간의 모습을 하고 계셨지만 실상은 하나님의 아들 그리스도시라는 증거가 바로 이 성령과 능력에 있었다. 즉, 하나님이 기름 붓듯이 주신 성령과 능력으로 말미암아 예수님은 구세주로서의 사역을 감당하실 수 있었다.

사 61:1 "주 여호와의 신이 내게 임하셨으니 이는 여호와께서 내게 기름을 부으사 가난한 자에게 아름다운 소식을 전하게 하려 하심이라 나를 보내사 마음이 상한 자를 고치며 포로된 자에게 자유를, 갇힌 자에게 놓임을 전파하며"

요 5:1~9 "그 후에 유대인의 명절이 있어 예수께서 예루살렘에 올라가시니라 예루살렘에 있는 양문 곁에 히브리말로 베데스다라 하는 못이 있는데 거기 행각 다섯이 있고 그 안에 많은 병자, 소경, 절뚝발이, 혈기 마른 자들이 누워(물의 동함을 기다리니 이는 천사가 가끔 못에 내려와 물을 동하게 하는데 동한 후에 먼저 들어가는 자는 어떤 병에 걸렸든지 낫게 됨이러라) 거기 삼십팔년 된 병자가 있더라 예수께서 그 누운 것을 보시고 병이 벌써 오랜 줄 아시고 이르시되 네가 낫고자 하느냐 병자가 대답하되 주여 물이 동할 때에 나를 못에 넣어 줄 사람이 없어 내가 가는 동안에 다른 사람이 먼저 내려가나이다 예수께서 가라사대 일어나 네 자리를 들고 걸어가라 하시니 그 사람이 곧 나아서 자리를 들고 걸어가니라 이 날은 안식일이니"

베데스다는 '자비' 혹은 '은혜의 샘'이라는 뜻인데 이 은혜

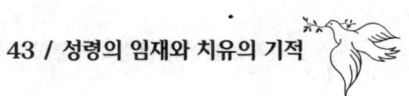

의 못가에는 고침 받기를 원하는 병자들로 가득하였다. 그곳에 모인 병자들은 소경, 절뚝발이, 손 마른 자들이었다. 그런데 많은 환자들 중에 38년된 병자가 예수님의 눈에 들어왔다. 즉, 예수님께 발견된 것이다. 예수님은 그의 병의 상태가 오랜 줄 아셨고, 그의 처절한 상태를 이미 알고 있었다.

아무리 처절한 고통의 상황에 있다 할지라도 예수님께서 눈을 돌리시고 그분의 능력의 손을 펴시기만 하면 문제가 될 것이 없다.

베드로와 요한도 성령의 권능으로 병 고치는 사역을 하였다.

행 4:13~15 "저희가 베드로와 요한이 기탄 없이 말함을 보고 그 본래 학문 없는 범인으로 알았다가 이상히 여기며 또 그 전에 예수와 함께 있던 줄도 알고 또 병 나은 사람이 그들과 함께 섰는 것을 보고 힐난할 말이 없는지라 명하여 공회에서 나가라 하고 서로 의논하여 가로되"

베드로는 본시 어부의 직업을 가졌으며 글을 배우지 못한 무식한 사람이었다. 이러한 베드로를 예수님께서는 사람 낚는 어부로 삼으시고자 제자로 부르셨다. 그때부터 베드로의 인생은 변화되기 시작했다. 평생을 물고기 잡는 일로만 살던 베드로는 많은 사람에게 생명을 주는 일꾼으로 쓰임 받기 시작하였다. 그

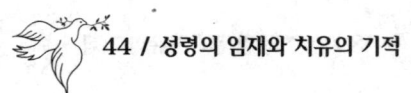

리고 부활하신 주님의 약속을 믿고 제자들과 함께 마가의 다락방에 모여 기도에 힘쓸 때에 베드로는 성령으로 부어 주시는 하나님의 능력을 받게 된다. 그가 성령 받은 직후 성령님의 인도하심으로 그리스도에 대하여 증거 하였는데 그때 베드로의 설교를 듣고 회심한 사람이 무려 삼천 명이나 되었다.

이처럼 예수를 믿고 성령의 권능을 받고 사역을 하면 놀라운 역사를 체험할 수 있는 것이다. 그러므로 복음을 논리적으로 이해하지 말고 하나님의 전능하심을 믿을 때 치유의 기적의 역사는 끊임없이 일어난다.

> 행 3:6~10 "베드로가 가로되 은과 금은 내게 없거니와 내게 있는 것으로 네게 주노니 곧 나사렛 예수 그리스도의 이름으로 걸어라 하고 오른손을 잡아 일으키니 발과 발목이 곧 힘을 얻고 뛰어 서서 걸으며 그들과 함께 성전으로 들어가면서 걷기도 하고 뛰기도 하며 하나님을 찬미하니 모든 백성이 그 걷는 것과 및 하나님을 찬미함을 보고 그 본래 성전 미문에 앉아 구걸하던 사람인 줄 알고 그의 당한 일을 인하여 심히 기이히 여기며 놀라니라"

베드로가 앉은뱅이의 오른손을 잡아 일으키니 발과 발목이 곧 힘을 얻고 뛰어 서서 걸으며 성전으로 들어가면서 걷기도 하고 뛰기도 하며 하나님을 찬미하였다. 즉, 동전 몇 닢을 구걸하

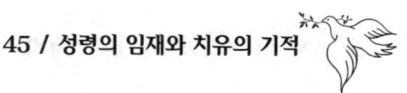

던 자가 육신의 치유함을 받았을 뿐만 아니라 예수 그리스도의 권능을 체험함으로써 영혼의 구원까지 받게 되었다.

저자의 사역 속에서 우리 안에 계신 성령의 손을 잡을 수 있도록 사역을 하게되면 100% 치유의 역사가 일어난다는 것을 알게 되었다.

바울은 성령의 권능으로 병 고치는 사역을 하였다.

행 19:11~12 "하나님이 바울의 손으로 희한한 능을 행하게 하시니 심지어 사람들이 바울의 몸에서 손수건이나 앞치마를 가져다가 병든 사람에게 얹으면 그 병이 떠나고 악귀도 나가더라"

바울이 에베소에서의 사역을 더욱 풍성하게 수행할 수 있었던 것은 하나님께서 바울의 손으로 희한한 능력을 행하게 하신데 있었다. 즉, 바울은 두란노 서원에서 말씀을 가르치면서 병자들을 고쳐주는 신유 사역을 하였다. 그리고 바울의 이러한 신유의 능력이 널리 알려지자 먼 곳에서 올 수 없는 병자들을 위하여 사람들은 바울의 손수건이나 앞치마를 가져다가 병자들에게 얹으니 질병과 악귀가 떠나가는 기적이 나타나곤 하였다.

저자도 이 말씀을 믿고 동일하게 사역을 하였을 때 많은 치료의 역사가 일어나는 것을 보았다. 참으로 하나님은 위대하신

분임을 새삼스럽게 다시 알게 되었다.

믿는 자들은 성령의 권능으로 병 고치는 사역을 할 수 있다.

막 16:17~18 "믿는 자들에게는 이런 표적이 따르리니 곧 저희가 내 이름으로 귀신을 쫓아내며 새 방언을 말하며 뱀을 집으며 무슨 독을 마실지라도 해를 받지 아니하며 병든 사람에게 손을 얹은즉 나으리라 하시더라"

예수님은 인간의 노력이나 힘으로써 귀신을 내어쫓을 수 없으며, 오직 그리스도의 힘으로만 내어쫓을 수 있음을 말씀하고 있다. 이는 귀신의 초자연적 능력, 인간이 감당할 수 없는 신비한 힘도 그리스도의 권세 아래서는 전적으로 무력함을 보여주는 것으로써 그리스도의 권세의 절대성을 보여주는 것이다. 즉, 그리스도는 승리하시고 그 승리를 우리의 것으로 항상 만들어 주신다.

하나님은 무엇이든지 하실 수 있다.

저자가 경상북도 예천이라는 곳에 사역할 때의 일이다.

그 교회는 교인들이 60세 이상인 분들만 있었다. 그리고 교인 전체가 거의 환자들이었다. 특별히 눈에 띈 것은 걷지 못하는 분이 있었다. 그 때 저자의 마음 속에 "오늘 하나님께서 저 분을 치료하시겠다"는 확신이 생겼다.

저자는 말씀을 증거하면서 그 환자에게서 눈을 떼지 않고 바라보면서 말씀을 증거하기 시작하였다. 어느 정도 시간이 흘렀을 때 저자는 행 3:6절의 말씀을 가지고 "은과 금은 내게 없거니와 내게 있는 것으로 네게 주노니 곧 나사렛 예수 그리스도의 이름으로 걸어라"고 명령하였다.

그 때 그 환자는 일어나서 한 발자국을 앞으로 내딛었을 때 그 환자는 쓰러졌다. 그러나 저자는 믿음을 가지고 다시 예수의 이름으로 걸으라고 반복해서 명령했다. 그럴 때 그 환자는 다시 일어나고 또 한 발자국을 내딛었을 때 또 쓰러졌다. 저자는 실

망하지 않고 재차 예수의 이름으로 명령하였다. 자그마치 다섯 번이나 반복하였다. 하지만 저자는 믿음을 가지고 다시 예수의 이름으로 일어나 걸으라고 명령할 때 그 환자는 걷게 되었고, 위대하신 하나님, 치료자이신 하나님을 찬양하게 되었다.

"어제나 오늘이나 영원토록 동일하신 하나님께 감사와 찬양을 돌려 드립니다. 할렐루야!"

6
예수의 이름으로 병고침 사역
(빌 2:5~11)

이러므로 하나님이 그를 지극히 높여 모든 이름 위에 뛰어난 이름을 주사 하늘에 있는 자들과 땅에 있는 자들과 땅 아래 있는 자들로 모든 무릎을 예수의 이름에 꿇게 하시고 모든 입으로 예수 그리스도를 주라 시인하여 하나님 아버지께 영광을 돌리게 하셨느니라 (빌 2:9-11).

예수님의 이름 속에는 모든 이름 위에 뛰어난 권세가 있다.

초대교회 성도들은 예수 이름 안에 있는 믿음으로 말미암아 예수님의 이름으로 병고침을 받았다.

치유의 역사는 예수의 이름을 사용해야 일어난다. 예수님의 이름이 모든 이름 위에 뛰어나심으로 예수의 이름을 부를 때 치유의 역사가 나타난다.

치유 사역은 예수님의 이름으로 명령하는 것이다.

행 3:4~9 "베드로가 요한으로 더불어 주목하여 가로되 우리를 보라 하니 그가 저희에게 무엇을 얻을까 하여 바라보거늘 베드르가 가로되 은과 금은 내게 없거니와 내게 있는 것으로 네게 주노니 곧 나사렛 예수 그리스도의 이름으로 걸어라 하고 오른손을 잡아 일으키니 발과 발목이 곧 힘을 얻고 뛰어 서서 걸으며 그들과 함께 성전으로 들어가면서 걷기도 하고 뛰기도 하며 하나님을 찬미하니 모든 백성이 그 걷는 것과 및 하나님을 찬미함을 보고"

베드로는 자신의 신유 사역이 예수님의 이름으로 이루어짐을 말하고 있다. 베드로는 자신의 능력이 아니라 예수님의 이름에 의하여 병을 고침 받을 수 있고 구원받을 수 있음을 말해주고 있다.

베드로는 예수 그리스도를 생명의 주라고 말하고 있다. 즉, '생명을 주관하는 자' 곧 '생명의 구원자'를 말하는 것이다. 이와 같이 예수 그리스도는 그 자신이 생명이시며 또한 사람들에게 생명을 부여하시는 분이시다. 그러므로 예수 그리스도를 믿는 자는 죽어도 살겠고 무릇 살아서 주를 믿는 자는 영원히 죽지 아니하는 영원한 생명을 소유할 수 있게 된다. 그러므로 생명의 주이신 예수 그리스도의 이름만이 우리의 영육을 강건케 하는 힘이요, 신유의 근본적 실체임을 분명히 알아야 한다.

저자는 "예수의 이름으로 치료될지어다 예수의 이름으로 치료될지어다" 명령할 때마다 예수의 이름의 능력을 체험할 수 있

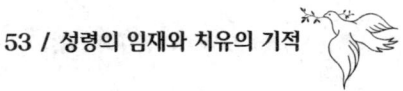

었다.

행 4:5~12 "이튿날에 관원과 장로와 서기관들이 예루살렘에 모였는데 대제사장 안나스와 가야바와 요한과 알렉산더와 및 대제사장의 문중이 다 참여하여 사도들을 가운데 세우고 묻되 너희가 무슨 권세와 뉘 이름으로 이 일을 행하였느냐 이에 베드로가 성령이 충만하여 가로되 백성의 관원과 장로들아 만일 병인에게 행한 착한 일에 대하여 이 사람이 어떻게 구원을 얻었느냐고 오늘 우리에게 질문하면 너희와 모든 이스라엘 백성들은 알라 너희가 십자가에 못 박고 하나님이 죽은 자 가운데서 살리신 나사렛 예수 그리스도의 이름으로 이 사람이 건강하게 되어 너희 앞에 섰느니라 이 예수는 너희 건축자들의 버린 돌로서 집 모퉁이의 머릿돌이 되었느니라 다른 이로서는 구원을 얻을 수 없나니 천하 인간에 구원을 얻을 만한 다른 이름을 우리에게 주신 일이 없음이니라 하였더라"

베드로와 요한이 성전 미문의 앉은뱅이를 고칠 수 있었던 것은 그들의 능력 때문이 아니라 그리스도 예수의 이름 때문이었다. 그리고 오천 명의 생명이 구원을 얻을 수 있었던 것도 예수의 이름 때문이었다. 이것이 하나님께서 만유를 회복하시고 만물을 그리스도 예수의 이름 안에서 통일하시려고 작정하신 것이다.

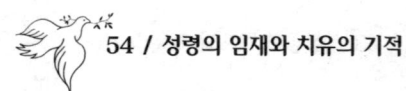

그러므로 사단의 권세가 우리를 넘어지게 하고 병들게 할지라도 우리가 염려할 필요가 없는 것은 우리가 예수의 이름을 부를 때 구원을 받고, 우리 심령이 치유를 받으며, 우리 육체가 건강함을 얻을 수 있기 때문이다. 그러므로 베드로와 요한이 증거한 이름은 능력이 있는 이름이다. 그 이름은 역사상 어느 누구도 하지 못했던 일을 이룩하였던 것이다. 그러므로 예수의 이름을 의지하는 자는 치유를 받고 능력 있는 삶을 살게 된다.

골 3:17 "또 무엇을 하든지 말에나 일에나 다 주 예수의 이름으로 하고 그를 힘입어 하나님 아버지께 감사하라"

바울은 무엇을 하든지 예수의 이름으로 하라고 말하고 있다. 그 이유는 우리를 만드시고 우리에게 생명을 허락하신 분은 하나님이시기 때문이다. 그러므로 우리의 연약한 부분을 가장 많이 아시는 분도 역시 하나님이시다. 이 땅에 많은 우상이 있고 그 우상의 이름이 있지만 그들은 치유와 구원을 줄 수 없다. 하나님은 자신이 직접 인간의 형체를 입으시고 이 땅에 오셔서 우리를 죄악 가운데서 구원하셨다.

우리를 구원하는 예수의 이름은 본시 하나님의 이름이다. 즉, 우리를 구원하는 이름인 예수의 이름은 곧 창조주의 이름인 것이다. 그가 우리를 지으셨기 때문에 죄악에 병든 우리의 몸과 영혼을 고칠 수 있는 것이다. 오직 창조주 하나님의 이름 예수

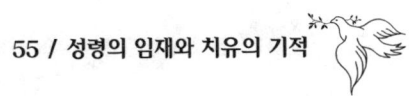

이외에 다른 이름으로는 우리가 치유와 구원을 받을 수 없다.

예수의 이름을 아무리 많이 사용하고 반복 사용해도 상관이 없다. 그 이유는 예수의 이름으로 말할 때 그것은 바로 예수님께서 믿는 우리에게 주신 권세로 사역을 하고 있기 때문이다.

오늘도 예수님은 우리가 그 이름의 능력과 권세를 사용하여 이 땅에서 수많은 자들을 치유하기를 원하고 있고 또한 구원의 역사가 있기를 원하고 있기 때문이다.
그러므로 오늘 이 시간에 예수의 이름을 사용하시기 바란다.

"내가 예수의 이름으로 명하노니 모든 질병은 치료함을 받을지어다" 아멘.

하나님은 무엇이든지 하실 수 있다.

저자가 미국에서 집회할 때의 일이다.
한쪽 눈이 전혀 보이지 않는 어떤 소녀의 눈이 띄어지는 하나님의 놀라운 치유의 은총을 체험하게 되었다.
집회 중에 저자는 마음 속에서 저 소녀의 눈을 위해 기도할 때 눈에서 눈물이 흐르면 반드시 저 소녀의 안 보이던 한쪽 눈

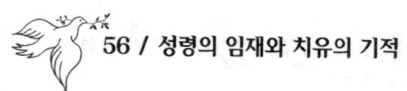

이 보게 될 것이라는 확신을 갖게 되었다.

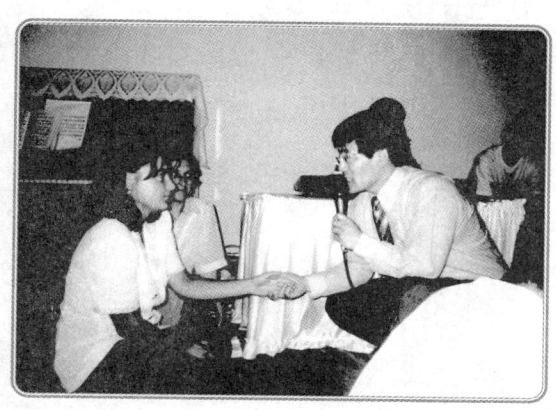

저자는 설교 후에 그 소녀에게 다가가서 "오늘 하나님은 당신을 치료해 주실 것입니다. 치료자이신 하나님을 믿으시기 바랍니다. 이 시간 치유의 역사가 일어날 것입니다." 그리고 저자는 그 소녀를 위해서 기도하였다. "주님, 우리에게 눈을 준 것은 모든 만물을 보라고 주신 줄 믿습니다. 주님 사랑합니다. 이 소녀에게도 동일한 은총을 허락하여 주셔서 이 소녀가 모든 것을 보며 살아갈 수 있는 주님의 은혜가 있길 원합니다. 오늘 이 시간에 주님께서 이 소녀의 눈을 열어 주실 줄 믿습니다"라고 기도할 때 그 소녀의 눈에서 눈물이 흘러내리기 시작하였다.

그때 저자의 마음속에는 확신과 믿음이 생겼다. 하나님께서 지금 치료하시고 계시구나 는 것을 알게 되었다. 저자가 그 소녀의 눈에서 손을 떼는 순간 그 소녀는 벌써 위대한 하나님, 치료자이신 하나님을 찬양하고 있었다.

하나님은 무엇이든지 하실 수 있는 하나님이심을 다시 한번 찬양하게 되었다. 할렐루야!

7 말씀으로 병고침 사역

그러면 무엇을 말하느뇨 말씀이 네게 가까와
네 입에 있으며 네 마음에 있다 하였으니
곧 우리가 전파하는 믿음의 말씀이라
네가 만일 네 입으로 예수를 주라 시인하며
또 하나님께서 그를 죽은 자 가운데서 살리신 것을
네 마음에 믿으면 구원을 얻으리니
사람이 마음으로 믿어 의에 이르고 입으로
시인하여 구원에 이르느니라 (롬 10:8-10).

　하나님의 말씀을 믿고 의지하고 말씀의 창조적인 능력을 깨달으면 하나님의 말씀을 좇아 행동할 수 있고 그리고 행동하게 될 것이다.

　하나님께서 "나는 너희를 치료하는 여호와임이니라"(출 15:26)고 말씀하셨다. 이 놀라운 말씀의 능력을 담대히 믿기만 하면 치료의 역사는 일어나는 것이다. 침상에 누워있던 사람이 믿음으로 일어나 온전하게 되고, 앉은뱅이가 사슴처럼 뛸 것이며, 벙어리가 노래하고, 귀머거리가 듣게 될 것이다. 또한 고통이 사라지고 어두움이 물러갈 것이다.

　하나님께서 말씀하실 때 그 말씀하신 것 속에 담겨있는 창조하는 능력을 깨닫게 되면 눅 1:37의 "대저 하나님의 모든 말씀은 능치 못하심이 없느니라"고 말씀하신 것처럼 치유의 역사는 바로 나타난다.

하나님의 권위를 믿어야 한다.

요 1:1~3 "태초에 말씀이 계시니라 이 말씀이 하나님과 함께 계셨으니 이 말씀은 곧 하나님이시니라 그가 태초에 하나님과 함께 계셨고 만물이 그로 말미암아 지은 바 되었으니 지은 것이 하나도 그가 없이는 된 것이 없느니라"

즉, 하나님께서는 그 자신과 그의 말씀을 연결시켰다. 그래서 하나님께서는 그의 말씀 속에 계실 뿐만 아니라 그 말씀은 영원하고, 변함이 없으며, 살아 있다.

롬 8:7 "육신의 생각은 하나님과 원수가 되나니 이는 하나님의 법에 굴복치 아니할 뿐 아니라 할 수도 없음이라"는 말씀을 깨닫고 이성이나 머리로, 경험으로 아는 지식과 체험을 내려놓을 때 치유의 역사는 일어난다.

시 107:20 "저가 그 말씀을 보내어 저희를 위경에서 건지시는도다"

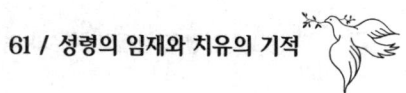

사망의 문에, 죽을 지경에 놓인 자들이 부르짖을 때 하나님께서는 그 말씀을 보내시어 저희를 고치신다. 즉, 사망의 고통에서 신음하는 자에게 하나님의 구원의 말씀이 임하면 모든 질병이 치유되고 회복되는 것이다.

예수님의 말씀을 반복적으로 읽어주어라.

치유의 역사가 놀랍게 일어난다. 말씀에는 능력이 있고, 하나님의 말씀은 우리를 실망시키지 않는다. 그 이유는 히13:8 "예수 그리스도는 어제나 오늘이나 영원토록 동일하신" 분이시기 때문이다.

치유의 열쇠는 말씀을 믿고 시인하는 것이다.

롬 10:8~10 "그러면 무엇을 말하느뇨 말씀이 네게 가까워 네 입에 있으며 네 마음에 있다 하였으니 곧 우리가 전파하는 믿음의 말씀이라 네가 만일 네 입으로 예수를 주로 시인하며 또 하나님께서 그를 죽은 자 가운데서 살리신 것을 네 마음에 믿으면 구원을 얻으리니 사람이 마음으로 믿어 의에 이르고 입으로 시인하여 구원에 이르느니라"

즉, 예수님을 믿는다는 것은 예수님을 나의 주인으로 시인하는 것이다.

그러므로 마음으로 믿어서 입으로 구원을 시인하는 것과 같이 병고침을 마음으로 믿어 시인할 때 치유의 역사가 일어난다.

하나님은 무엇이든지 하실 수 있다.

저자는 일본에서 사역할 때 한쪽 귀가 20년 동안 들리지 않는 한 카톨릭 신부를 만나게 되었다. 그 신부는 성령을 무척 사모하는 분이었다. 저자는 그 사모함을 알게 되었고, 치유 사역을 할 때 하나님께서 반드시 치료해 주실 뿐 아니라 성령의 체험까지 할 수 있도록 이 신부에게 은혜를 베풀어주실 것을 알았다.

저자는 그 신부를 위해 기도하였다. "주님, 이 좋은 주님의 사람이고, 주님을 무척 사모합니다. 이 시간 주님의 살아계심을 체험하길 원합니다. 주님의 손길이 주님의 사람과 함께 하길 원합니다. 그리고 한쪽 귀가 들리지 않습니다. 치유의 은총도 베풀어주시길 원합니다"라고 기도했다.

그 신부는 온 몸이 뜨거워지는 체험을 하면서 안 들리던 귀가 들리게 되는 하나님의 치유를 체험하게 되었다. 그러면서 그

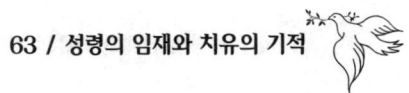

신부는 하나님의 살아 계심과 역사 하심에 감사와 영광을 돌려 드렸다.

"참으로 좋으신 하나님, 사랑이 많으신 하나님, 치료자이신 하나님을 찬양합니다. 할렐루야!"

8. 믿음의 기도로 병고침 사역

내게 진실로 너희에게 이르노니 누구든지
이 산더러 들리어 바다에 던지우라 하며 그 말하는
것이 이룰 줄 믿고 마음에 의심치 아니하면
그대로 되리라 그러므로 내게 너희에게 말하노니
무엇이든지 기도하고 구하는 것은 받은 줄로
믿으라 그리하면 너희에게 그대로 되리라
(막 11:23-24).

　예수께서는 산더러 들리어 바다에 던지우라 하면 그 말하는 것이 이루어 질 줄을 의심하지 않고 믿으면 그대로 이루어진다고 하셨다(막 11:23). 마 17:20에 간질병이 든 아이를 고치신 후에도 같은 말씀을 하셨다.

　믿음은 모든 것을 가능케 한다. 그러므로 모든 치유 사역에 있어서 믿음은 절대적이며, 믿음을 통한 치유의 역사가 일어난다. 믿음에는 하나님을 향한 신뢰와 온전한 기대가 전제되어야 한다. 즉, 의심하지 말아야 한다. 의심하지 않는 믿음 가운데 확실한 치유의 역사가 일어날 수 있다.

　예수님의 말씀에는 하나님의 뜻에 합당한 의심하지 않는 믿음을 가지고 행하는 자들에게는 불가능이 없다는 것이다. 주님은 믿음을 가지고 기도하는 것이 이루어질 것으로 믿고 확고부

동한 믿음을 소유한 채 사역을 하게 되면 놀라운 치유의 역사를 체험함을 강조한다.

저자는 병고침의 사역 중에 이 믿음과 많은 영적 싸움을 하게 되었다. 치유 사역 중에 의심과 믿음이 흔들리는 경험을 하게 되었는데, 그럴 때마다 승리하기 위해서 십자가를 바라보면서 치유자이신 하나님의 능력을 생각하면서 믿음이 흔들리지 않도록 마음 속으로 기도를 하였을 때 주님을 신뢰하는 믿음이 생기기 시작하였고, 그런 믿음을 가지고 치유 사역을 할 때 치유의 놀라운 역사가 일어나는 것을 알 수 있었다.

또한 치유 사역에 있어서 본인의 믿음이 아닌 다른 사람들의 믿음을 통해서 치유 사역이 일어나는 것을 알게 되었다. 즉, 마 15장의 가나안 여인의 믿음을 통해서 그의 딸이 치료함을 받는 것이나, 마 8장의 백부장의 믿음을 통해서 하인이 치료함을 받는 것이나, 막 2장의 친구들의 믿음을 통하여 중풍병자가 치료함을 받는 것도 본인이 아닌 다른 사람들의 믿음을 통해서 치유의 역사가 일어난 것이다.

믿음은 병고침의 사역 중에서 중요하다고 볼 수 있다. 즉, 예수님의 사역 속에서 "네 믿음대로 될지어다"라고 선포하실 때 많은 자들이 그 믿음대로 치료된 것을 볼 수 있다.

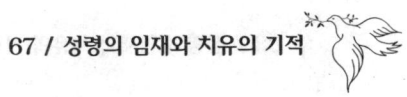

오늘날 병고침의 사역에서 믿음의 역사는 대단하다. 믿음을 가지고 주님 앞에 나오고, 믿음을 가지고 질병의 짐을 내려놓고, 믿음을 가지고 기도하면 믿음대로 치료되는 놀라운 역사가 일어난다.

예수님께서는 막 16:17~18 "믿는 자들에게는 이런 표적이 따르리니 곧 저희가 내 이름으로 귀신을 쫓아내며 새 방언을 말하며 뱀을 집으며 무슨 독을 마실지라도 해를 받지 아니하며 병든 사람에게 손을 얹은즉 나으리라 하시더라 또 "너는 내게 부르짖어라 내가 네게 응답하겠고"(렘 33:3), "구하라 그리하면 받으리니 너희 기쁨이 충만하리라"(요 16:24) 그러면 "구하는 이마다 얻을 것이요"(마 7:8)라고 말씀하고 계신다.

우리가 주님께 요구하면 우리의 육체적 연약함과 질병의 치유를 받을 수 있는 것은 예수 그리스도께서 친히 그 모든 것을 우리를 위해 감당하셨기 때문이다. 그러므로 우리는 육체적 불구와 병으로부터 치유를 받을 수 있다.

예수 그리스도께서 우리의 육체적인 모든 것을 감당하셨고,

또한 육체적 치유자로 그리고 영적 구주로 우리 속으로 오셨다. 그러므로 치유를 위해 기도하길 바란다.

눅 10:19 "내가 너희에게 뱀과 전갈을 밟으며 원수의 모든 능력을 제어할 권세를 주었으니 너희를 해할 자가 결단코 없으리라"

"주님은 저에게 모든 마귀를 제어할 능력과 권세를 주셨고, 병을 치유할 능력을 주셨습니다. 또한 주님은 제가 복음을 믿는 자로서 주의 이름으로 귀신을 쫓아낼 수 있다고(눅 9:1) 약속하셨습니다. 그러므로 제가 병자에게 안수하면 그들이 치료받을 것을 믿습니다."

"예수 그리스도의 이름으로 저는 연약하게 하는 귀신인 병을 떠나라고 명령하고, 바로 지금 저와 함께 계시는 예수 그리스도의 이름으로 모든 증상이 치료될 것을 명령합니다."

"주님은 저의 모든 병을 짊어지셨습니다. 이제 저는 그 질병들로부터 벗어났습니다(사 10:27). 주님께서 내 병을 감당하셨을 때 주님이 채찍에 맞음으로 제가 나음을 입었습니다(사 53:5)."

우리가 하나님의 약속을 시인할 때 그 약속은 실제적으로 살

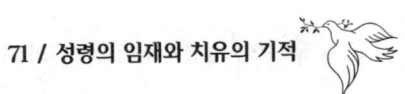

아 역사한다.

롬 9:10~11 "이 뿐아니라 또한 리브가가 우리 조상 이삭 한 사람으로 말미암아 잉태하였는데 그 자식들이 아직 나지도 아니하고 무슨 선이나 악을 행하지 아니한 때에 택하심을 따라 되는 하나님의 뜻이 행위로 말미암지 않고 오직 부르시는 이에게로 말미암아 서게 하려 하사"

그러므로 하나님의 말씀을 그대로 받아들이고 즉, 믿고 그 말씀을 굳게 잡고 그대로 이루어질 것을 시인하고 나아갈 때 하나님께서 하신 말씀이 우리에게 그대로 이루어진다. 즉, 약속의 말씀을 기대해야 된다. 그 이유는 렘 1:12절에서 "여호와께서 내게 이르시되 네가 잘 보았도다 이는 내가 내 말을 지켜 그대로 이루려 함이니라"라고 말씀하셨기 때문이다.

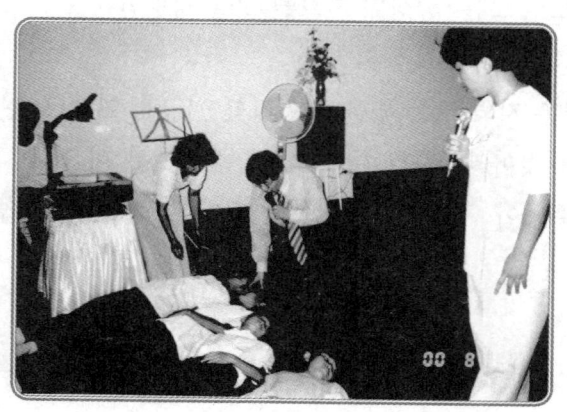

치유의 방법

또 내가 네게 이르노니 너는 베드로라 내가 이 반석 위에 내 교회를 세우리니 음부의 권세가 이기지 못하리라. 내가 천국 열쇠를 네게 주리니 네가 땅에서 무엇이든지 매면 하늘에서도 매일 것이요 네가 땅에서 무엇이든지 풀면 하늘에서도 풀리리라 하시고 (마 16:18-19).

"땅에서 무엇이든지 매면 하늘에서도 매일 것이요 땅에서 무엇이든지 풀면 하늘에서도 풀리리라"고 하신 말씀을 믿어라.

백내장

백내장이 생길 때 일어나는 현상은 표피층이 마르기 시작하고 그 결과 반점이 생긴다
- 눈 속의 반점이 제거되도록 기도하라.
- 질병의 영을 쫓아내라.
- 그 조직이 정상으로 회복되고, 눈에 대한 혈액 공급이 다시 원활해지도록 기도하라.

정신병
- 죄를 회개하라.
- 예수그리스도를 구주로 영접하라.
- 예수님의 이름으로 성령의 권능에 의해 질병의 영을 결박하라. 그리고 예수 그리스도의 이름으로 그 영을 쫓아내라.
- 성령님을 초청하라. 치료의 영으로

간 질
- 간질병을 가져다 준 질병의 영을 묶고, 예수의 이름으로 쫓아내라.
- 몸에 새로운 뇌 세포가 형성될 것을 명령하라.

갑상선
- 예수 그리스도의 이름으로 갑상선 질병의 영을 묶고, 쫓아내라.
- 새 갑상선이 만들어질 것을 예수의 이름으로 명령하라.

고혈압, 저혈압
- 순환기 계통에 예수 그리스도의 이름으로 치료가 임하기를 명령하라

- 혈압이 정상으로 되어서 그 상태에 계속 머물 것을 명령하라.
- 불안과 염려, 걱정, 근심, 두려움을 예수 그리스도의 이름으로 쫓아내라.
- 성령님을 초청하라. 평안의 영으로

골다공증

- 골다공증을 가져다 준 질병의 영을 묶고 쫓아내라.
- 예수 그리스도의 이름으로 새로운 강한 뼈로 재생될 것을 명령하라.
- 신경 조직 계통이 정상으로 될 것을 명령하라.

골절

- 손상된 뼈들이 정상으로 결합될 것을 예수 그리스도의 이름으로 명령하라.
- 근육 및 신경 인대와 뼈들이 잘 조화를 이룰 것을 예수의 이름으로 명령하라
- 다친 뼈는 강해질 것을 예수 그리스도의 이름으로 명령하라.

관절염

- 관절염의 질병의 영을 예수 그리스도의 이름으로 쫓아내라.
- 관절에 손을 대고 관절의 연골, 인대 그리고 조직들이 새롭게 치유될 것을 예수 그리스도의 이름으로 명령하라.
- 염증이 치유되고 통증이 없어질 것을 예수 그리스도의 이름으로 명령하라.

궤양

- 오장 육부의 조직이 새롭게 치유될 것을 예수 그리스도의 이름으로 명령하라.
- 위가 정상적으로 작동할 것을 예수 그리스도의 이름으로 명령하라.
- 마음에 하나님의 평강이 임할 것을 예수 그리스도의 이름으로 명령하라.

귀머거리

- 가운데 손가락을 귓속에 대고 예수 그리스도의 이름으로 묶인 것이 풀어지라고 명령하라
- 청력이 회복될 것을 예수 그리스도의 이름으로 명령하라.

- 새 고막과 조직이 새로 생겨날 것을 예수 그리스도의 이름으로 명령하라.
- 신경과 조직세포들이 새롭게 살아날 것을 예수 그리스도의 이름으로 명령하라.

폐질환

- 폐에 연약함과 질병을 가져다 준 영을 예수 그리스도의 이름으로 묶고 쫓아내라.
- 건강한 폐 조직을 가지고 정상적인 폐 기능을 발휘할 수 있도록 예수 그리스도의 이름으로 명령하라.
- 손상된 육체에 조직이 정상화 될 것을 예수 그리스도의 이름으로 명령하라.

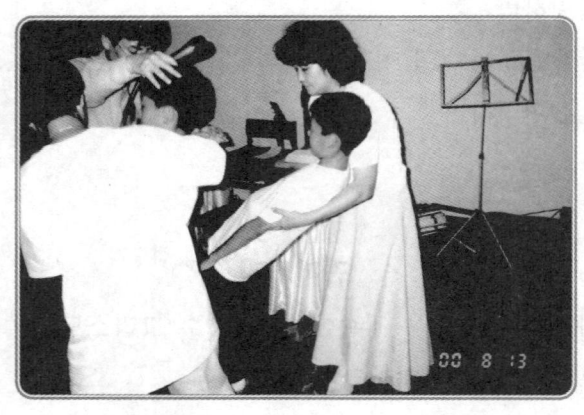

뇌성 소아마비

- 뇌성 소아마비의 질병의 영을 예수 그리스도의 이름으로 묶고, 쫓아내라.
- 새로운 뇌가 생길 것을 머리에 손을 얹고 예수 그리스도의 이름으로 명령하라.
- 뇌와 신체 근육 신경 및 힘줄 기능이 정상화 될 것을 예수 그리스도의 이름으로 명령하라.

뇌졸중

- 죽음의 영을 예수 그리스도의 이름으로 묶고, 쫓아내라.
- 머리에 손을 얹고 막힌 것이 뚫어질 것과 상한 모든 조직들이 회복될 것을 예수 그리스도의 이름으로 명령하라.
- 뇌에서 몸으로 모든 기능이 잘 전달될 수 있도록 예수 그리스도의 이름으로 명령하라.

소경

- 소경의 질병의 영을 예수 그리스도의 이름으로 묶고, 쫓아내라.
- 눈이 치유될 것과 시력이 회복될 것을 예수 그리스도의 이름으로 명령하라.

- 눈 구조와 뇌의 신경 조직이 새롭게 될 것을 예수 그리스도의 이름으로 명령하라.

당뇨

- 당뇨의 질병의 영을 묶고, 예수 그리스도의 이름으로 쫓아내라.
- 췌장이 새롭게 되기를 예수 그리스도의 이름으로 명령하라.
- 손상된 신체의 부위가 예수 그리스도의 이름으로 치유되고 완전하게 될 것을 명령하라.

방광이나 부인병

- 방광과 신경 조직들이 예수 그리스도의 이름으로 치유되고, 정상 기능으로 회복될 것을 명령하라.
- 상처난 조직 또는 손상되거나 파괴된 부위들이 예수 그리스도의 이름으로 회복되고, 정상 기능을 발휘할 것을 예수 그리스도의 이름으로 명령하라.
- 호르몬들이 체내에서 정상으로 분비될 것을 예수 그리스도의 이름으로 명령하라.

안면 신경마비

- 손을 얼굴에 대고 신경마비를 일으키는 질병의 영을 예수 그리스도의 이름으로 묶고, 쫓아내라.
- 통증이 사라질 것을 예수 그리스도의 이름으로 명령하라.
- 신경 조직 계통들이 재생되고 회복될 것을 예수 그리스도의 이름으로 명령하라.

암

- 몸 전체에 지속적으로 자라는 암을 예수 그리스도의 이름으로 자라나지 못하도록 묶고, 예수 그리스도의 이름으로 쫓아내라.
- 암의 씨, 뿌리 그리고 세포들까지도 예수 그리스도의 이름으로 뽑아내라.
- 손을 환부에 대고 암세포가 죽기를 예수 그리스도의 이름으로 명령하라.
- 예수 그리스도의 이름으로 모든 세포가 새롭게 재생(회복)되길 예수 그리스도의 이름으로 명령하라.

자폐증

- 자폐증 질병의 영을 예수 그리스도의 이름으로 묶고, 쫓

아내라.
- 뇌가 정상적으로 활동할 수 있도록, 또 신경 조직이 회복될 것을 예수 그리스도의 이름으로 명령하라.
- 심령에 하나님의 평강이 있기를 기도하라.

알코올, 담배, 약물 중독
- 알코올, 담배, 약물 중독의 영들을 예수 그리스도의 이름으로 묶고, 그의 생각과 마음, 육체에서 떠나갈 것을 예수 그리스도의 이름으로 명령하라.
- 알코올, 담배, 약물에 대한 욕구가 사라질 것을 예수 그리스도의 이름으로 명령하라.
- 그리고 주님을 사랑할 수 있는 마음을 가질 수 있도록 기도하라.

11. 치유 받을 것을 선언하라

그러면 십팔년 동안 사단에게 매인 바 된 아브라함의 딸을 안식일에 이 매임에서 푸는 것이 합당치 아니하냐 (눅 13:16).

나는 예수 그리스도의 이름으로 마귀의 속박에 항거한다.

성경은 질병을 복이라고 말하지 않는다. 성경은 병을 속박이라 부른다.

질병은 마귀의 속박이며 따라서 이 모든 속박에서부터 해방되어야만 한다.

나는 아프고 피곤한데 신물을 낸다.

왜 그런가? 치유 받을 모든 권리가 내게 있기 때문이다.

하나님은 치료의 하나님이시다(출 15:26, 말 4:2). 주님께서는 나의 질병과 연약을 담당하시기 위하여서 비싼 희생을 치르셨다.

마 8:17 "더러운 질병아 내 뒤로 물러가라 기록된 바 우리 연약한 것을 친히 담당하시고 병을 짊어지셨도다 하셨느니라"

나는 치유 받을 모든 권리를 가지고 있다.

왜냐하면 그리스도께서 친히 나의 대속제물이 되셨기 때문이다.

예수님의 피, 그것만이 나의 치유의 근거가 된다.

예수께서 나를 위해 이루신 사역이 곧 내가 치유를 주장하는 유일한 근거가 됩니다. 내가 무엇을 하나님께 얻을 수 있는 권세도 오직 내가 예수님의 피를 힘입기 때문입니다.

사단을 대적할 때

엡 2:13 "사단아 여기에서 떠나가라 기록되었으니 그리스도 예수 안에서 그의 피로 내가 하나님께 가까워졌느니라"

"예수님의 권세 있는 이름으로 모든 질병의 영을 결박될 것을 선포하노라" 나는 이 원수 마귀를 대적한다.

왜냐하면 나는 치유 받을 권리를 갖고 있기 때문이다. 그것은 내가 선하거나 진실하기 때문이 아니고 오직 그리스도께서 맞으신 채찍 때문이다.

> 사 53:5 "마귀야 떠날지어다 기록된 바 그가 채찍에 맞음으로 우리가 나음을 입었도다"

나는 사단의 계략을 익히 알고 있다. 나는 또한 나를 억누르는 마귀의 책략을 성령의 도움으로 알 수 있다.

그러므로 나는 예수 그리스도의 피와 내 안에 있는 하나님의 증거의 말씀을 힘입어서 사단의 역사를 정복한다.

> 벧전 2:24 "마귀야 내가 너를 예수의 이름으로 대적하노라 나는 그리스도 예수의 공로를 전적으로 의지한다 그가 채찍에 맞음으로 내가 나음을 입었노라"

나는 마귀의 추잡한 압제의 영들이 머무는 「쓰레기 처리장」 역할을 다시는 하지 않는다.

사 10:27 "마귀야 예수님의 피가 너를 패퇴시켰으니 나는 너를 대적한다 기록되었으되 기름부음으로 인해 그 멍에가 부러지리라"
사 53:5 "그가 채찍에 맞음으로 나음을 입었도다"

이사야가 받은 이 예언은 우리 주인 예수 그리스도께 관한 말씀으로써 주께서 자신의 백성들을 위하여 당하실 상처를 언급하고 있다.

그리스도의 이 사역은 이미 성취되었다. 예수께서는 채찍을 감내 하셨다.

어떤 병세가 남아 있더라도 주께서 채찍에 맞으심으로써 나는 이에 치유되었다.

"고통이 나의 몸을 엄습해오는 순간에도 그리스도가 채찍에 맞음으로 나는 나음을 입는다. 현실은 내 육체 고통에 짓눌리고 있지만 그래도 나는 더 위대한 진리를 알고 있으니 곧 그리스도가 채찍에 맞음으로 나는 나음을 입는다."

건강 상태로 보건대 모든 것이 악화되고 있는 순간일지라도 하나님의 진리는 여전히 승리한다.

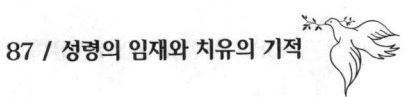

벧전 2:24 "친히 나무에 달려 그 몸으로 우리 죄를 담당하셨으니 이는 우리로 죄에 대하여 죽고 의에 대하여 살게 하려 하심이라 저가 채찍에 맞음으로 너희는 나음을 얻었나니"
욜 3:10 "약한 자도 이르기를 나는 강하다 할지어다"

"나는 강하다." 이것은 믿음의 역설이다. 아직 약할 때에 "나는 강하다"고 주장하라는 말씀입니다. 이것이 믿음의 선언이다.

내가 보기에는 나 자신이 어떠하든지 간에 여하튼 "나는 강하다." 다른 사람들이 나의 인생을 어떻게 평가하든지 간에 "나는 강하다."
연약한 삼키운 바 되던 과거의 경험들에도 불구하고 나는 믿음이 새 증거 "나는 강하다"는 증거를 힘입고 다시 일어서야 한다.
"하나님은 나의 힘이시다"

"내가 무엇을 두려워하리요."

죽음을 두려워하랴, 심장마비를 두려워하랴, 암을 두려워하랴.
두려움이란 외부로부터 공격해 들어와서 내 생을 점령하는

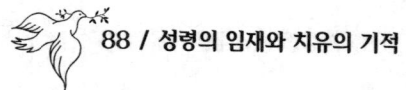

실패하는 영이다.

성경은 두려움을 일컬어 잔혹하고, 영혼을 옭아매고, 영혼을 속박하며 또한 그것을 두려워하는 그것을 비극적으로 다시 재생하게 하는 것으로 설명한다.

눅 1:74~75에서 예수 그리스도께서 이 세상 오신 목적 중 한 가지를 말씀해 주신다.

"우리로 원수의 손에서 건지심을 입고 종신토록 주의 앞에서 성결과 의로 두려움 없이 섬기게 하리라 하셨도다"

"내 삶을 억압하고 괴롭혔던 사단이 보낸 너 두려움의 영아! 예수의 이름으로 내가 네게 명하노니 내게서 떠나라. 기록된 바

딤후 1:7 하나님이 우리에게 주신 것은 두려워하는 마음이 아니요 오직 능력과 사랑과 근신하는 마음이니라.

12 치유의 권세와 능력

예수께서 열두 제자를 불러 모으사
모든 귀신을 제어하며 병을 고치는
능력과 권세를 주시고 하나님의 나라를
전파하며 앓는 자를 고치게 하려고
내어 보내시며(눅 9:1-2).

예수님은 제자들에게 귀신을 제어하며 병든 자를 고치는 능력과 권세를 주셨다.

눅 10:9에서 병고침과 귀신의 속박으로부터 구원하라고 말씀하셨다.

막 16:17~18 "믿는 자들에게는 이런 표적이 따르리니 곧 저희가 내 이름으로 귀신을 쫓아내며... 병든 자에게 손을 얹은즉 나으리라"

마 4:23 "예수께서 온 갈릴리에 두루 다니사 저희 회당에서 가르치시며 천국 복음을 전파하시며 백성 중에 모든 병과 모든 약한 것을 고치시니"

예수님의 사역은 병고침의 사역이었다.

눅 4:18~19 "주의 성령이 내게 임하였으니 이는 가난한 자에게 복음을 전하게 하시려고 내게 기름을 부으시고 나를 보내사 포로된 자에게 자유를, 눈먼 자에게 다시 보게 함을 전파하며 눌린 자를 자유케하며 주의 은혜의 해를 전파하게 하려 하심이라"

예수님의 사역은 복음의 전파와 더불어 포로된 자, 눈먼 자, 눌린 자의 치유에 있었다.
예수님의 치유사역의 특징은
행 10:38 "하나님이 나사렛 예수에게 성령과 능력을 기름 붓듯 하셨으며 저가 두루 다니시며 착한 일을 행하시고 마귀에게 눌린 모든 자를 고치셨으니 이는 하나님이 함께 하셨음이라"

우리에게는 예수 그리스도의 권세와 말씀의 권세가 필요하다. 이것만이 죄의 권세와 그 배후에서 역사하는 마귀의 권세를 꿰뚫고 파괴할 수 있는 능력이며, 죄악으로 만연된 개인의 영혼과 병든 사회를 치유할 수 있는 길이다.

요 1:12 "영접하는 자 곧 그 이름을 믿는 자들에게는 하나님의 자녀가 되는 권세를 주셨으니"

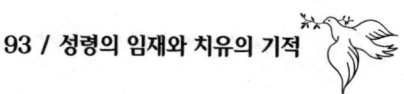

"예수 믿는 자들에게는 하나님의 자녀가 되는 권세를 주셨으니"라고 예수 믿고 구원받은 사람의 자녀된 권세에 대해 분명히 말씀하셨다. 어떤 죄라고 예수님의 보혈로 사함 받은 것을 알고 담대하게 하나님의 자녀로 행세해야 하는 것이다.

예수님은 믿는 자들에게 분명히 권세를 약속하셨다.

눅 10:19 "내가 너희에게 뱀과 전갈을 밟으며 원수의 모든 능력을 제어할 권세를 주었으니 너희를 해할 자가 결단코 없으리라"

하나님의 자녀가 되는 권세를 분명히 인식하고, 예수님의 이름과 그 보혈의 능력으로 명령하며 마귀를 대적하면 마귀는 도망가고 말 것이다.

우리 주님께서는 공중 권세 잡은 자, 마귀, 악의 세력을 물리쳐 이기셨다.
3년 동안의 지상 생애 가운데 가는 곳마다 마귀에게 눌린 모든 자를 고쳐주셨다(행10:38).

요일 3:8 "하나님의 아들이 나타나신 것은 마귀의 일을 멸하려 하심이라."
히 2:14 "자녀들은 혈육에 함께 속하였으매 그도 또한 한 모양으

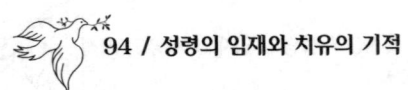

로 혈육에 함께 속하심은 사망으로 말미암아 사망의 세력을 잡은 자 곧 마귀를 없이 하시며"

그리고 마지막 십자가로 승리하셨다.

골 2:15 "정사와 권세를 벗어버려 밝히 드러내시고 십자가로 승리하셨느니라"

예수님께서는 지금 하나님 우편에서 하늘과 땅의 모든 권세를 가지고 통치하고 계신다.

마 28:18~20 "예수께서 나아와 일러 가라사대 하늘과 땅의 모든 권세를 내게 주셨으니 그러므로 너희는 가서 모든 족속으로 제자를 삼아 아버지와 아들과 성령의 이름으로 세례를 주고 내가 너희에게 분부한 모든 것을 가르쳐 지키게하라 볼지어다 내가 세상 끝날 까지 너희와 항상 함께 있으리라 하시니라"

왕이신 예수님께서는 오늘도 육체, 마음, 영적으로 타락한 상태에 있는 사람들을 구원하시고 치유해 주시기를 원하고 계신다.

그러므로 우리는 예수님의 승리의 능력에 대한 믿음 가운데 사람들을 억압하고 사로잡아 종노릇하게 하는 모든 것들을 예수님의 권세를 가지고 대적하여야 한다.

약 4:7 "마귀를 대적하라 그리하면 너희를 피하리라"
엡 6:11 "마귀의 궤계를 능히 대적하기 위하여 하나님의 전신갑주를 입으라"

불신의 자세를 버리고 전능하신 하나님의 손으로 이루어지는 기적들을 기대하고 믿음의 삶을 살아야 한다.

보좌에 앉아 계신 예수 그리스도께서는 지금 우리에게 그분의 권위와 능력을 사용하여 모든 타락한 피조물들을 고통과 혼돈으로부터 구해내도록 촉구하고 계신다.

예수 그리스도, 우리 주님께서는 그분의 이름으로 하나님 나라의 복음을 선포하고 병든 사람을 치유하고 귀신을 쫓아내라고 우리를 세상에 보내셨다.

막 16:17~18 "믿는 자들에게는 이런 표적이 따르리니 곧 저희가 내 이름으로 귀신을 쫓아내며 새방언을 말하며 뱀을 집으며 무슨 독을 마실지라도 해를 받지 아니하며 병든 사람에게 손을 얹은즉 나으리라"

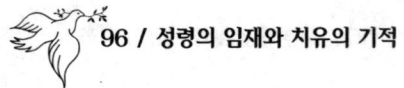

치유와 믿음

치유는 예수님 쪽에서 보면 권세와 능력이고, 사람들 쪽에서 보면 믿음이다.

백부장의 믿음,
눅 7:6 "주여 수고하지 마옵소서 내집에 들어오심을 나는 감당치 못하겠나이다"

믿음은 성도들의 기본적 의무이다.
요 20:27 "저희가 묻되 우리가 어떻게 하여야 하나님의 일을 하오리까 예수께서 대답하여 가라사대 하나님의 보내신 자를 믿는 것이 하나님의 일이니라"
히 11:6 "믿음이 없이는 기쁘시게 못하나니 하나님께 나아가는 자는 반드시 그가 계신 것과 또한 그가 자기를 찾는 자들에게 상주시는 이심을 믿어야 할지니라"
요일 5:4 "대저 하나님께로서 난자마다 세상을 이기느니라 세상을 이긴 이김은 이것이니 곧 우리의 믿음이니라"

치유의 믿음은 주님이 우리에게 최선의 것을 베푸실 것을 신뢰하고, 우리를 완전히 그분의 사랑이 넘치는 보호하심에 맡기며, 치유의 기적이 일어날 것을 기대하며, 예수님 앞에 나아와

야 한다(예수님 앞에 고침 받기 위해 나온 백부장, 혈루증 여인, 찬 344장 "이 눈에 아무증거 아니 뵈어도 믿음만을 가지고서 늘 걸으며 이 귀에 아무소리 아니 들려도 하나님의 약속 위에 서리라~").

　예수님의 치유사역은 병자를 향하여 불쌍히 여기셨다.
　예수님의 치유사역은 불쌍히 여겨달라고 호소하는 사람들에게 베풀어졌다(소경-마 9:27, 소경 거지 바디매오-막 10:37, 열 명의 문둥병자-막10:47).
　예수님의 치유사역은 믿음에 대한 응답으로 이루어졌다. 백부장 믿음으로 하인의 병을 치료(마 8:13), 수로보니게 여인의 믿음으로 딸을 치료(마15:28).

　　사 53:4~5 "그는 실로 우리의 질고를 지고 우리의 슬픔을 당하셨거늘 우리는 생각하기를 그는 징벌을 받아서 하나님께 맞으며 고난을 당한다 하였노라 그가 찔림은 우리의 허물을 인함이요 그가 상함은 우리의 죄악을 인함이라 그가 징계를 받음으로 우리가 평화를 누리고 그가 채찍에 맞음으로 우리가 나음을 입었도다"
　　벧전 2:24 "친히 나무에 달려 그 몸에서 우리 죄를 담당하셨으니 이는 우리로 죄에 대하여 죽고 의에 대하여 살게 하심이라 저가 채찍에 맞음으로 너희는 나음을 얻었나니"

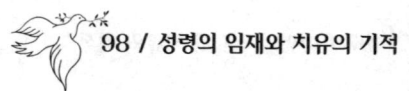

13 치료의 기적

예수께서 대답하여 가라사대
이 물을 먹는 자마다 다시 목마르려니와
내가 주는 물을 먹는 자는 영원히 목마르지
아니하리니 나의 주는 물은 그 속에서
영생하도록 솟아나는 샘물이 되리라 (요 4:13-14).

질병이 일어나면서 직면하는 것이 질병의 문제이다.

부모의 직위나 신앙정도에 상관없이 아이들은 감기를 비롯해서 여러 가지 질병에 걸리게 된다. 이러한 질병은 누구나 싫어하고 있다. 질병을 모든 사람이 고통으로 느끼는 데는 아무 이론이 없다.

그런데 사람이 싫어하는 질병에 걸려야 하는 이유가 무엇일까?

아담과 하와의 타락 이전에 고통과 병, 그리고 죽음이라는 말은 사용되지 않았고 또 존재하지도 않았다.

사람이 하나님의 명령을 어기고 타락한 이후 처음으로 저주, 수고, 가시덤불, 엉겅퀴, 얼굴에 땀이 흐르는 고통, 죽음이 등장하게 된 것이다.

모든 사람은 죄를 범하였고 모든 사람은 육체의 몸 아담의 형상을 입고 있기 때문에 질병에서 누구도 자유로울 수 없다.

우리가 아담의 몸을 입고 있는 이상 우리의 믿음의 정도에는 상관없이 질병에 걸릴 수 있다는 사실이다.

제자들이 날 때부터 소경된 사람을 보고서 예수님께 물었다. "이 사람이 소경으로 난 것이 뉘 죄로 인함입니까?"
제자들의 질문에는 질병이 죄에서 비롯됨을 강하게 내포하고 있다. 그런데 예수님의 답변을 통하여 질병의 이유가 다른데 있을 수 있음을 말해준다.

바울은 죽은 유두고를 살리는 능력의 사도였다.
(행 20:9~11)

그러나 바울 자신은 일평생 질병으로 고통을 당해야 했다. 그는 이 문제를 해결하기 위해서 세 번 주께 간구했다. 질병이 자기 몸에서 떠나기를 간구하는 바울에게 내린 예수님의 응답이 있다. "내게 이르시기를 내 은혜가 네게 족하도다 이를 내 능력이 약한데서 온전하여 짐이라"(고후 12:7).

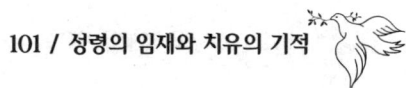

이후 바울은 자기의 질병에 대해서 자랑하고 감사했다.
바울의 질병 속에서 그리스도의 능력이 바울에게 늘 머물도록 하시려는 주님의 뜻과 사랑이 담겨 있었기 때문이다.

그러나 이러한 경우는 특별한 것임을 알아야 한다.
사람이 병드는 대부분의 경우는 죄와 사단의 시험 그리고 자기의 부주의와 자만에서 비롯된 것이기 때문이다.

귀신의 거처(사단)

사단은 하나님의 형상을 입은 아담과 하와에게 선악과를 먹게 하여 육체로 변질시켜 버렸다. 사람이 육체가 되었다는 것은 사람에게 있던 하나님의 생기-하나님의 영-이 떠나게 된 영적 공백상태가 된 것을 말한다.

사단이 사람을 영적 공백 상태로 만든 이유가 있다. 바로 하나님의 영이 자리잡아야 할 심령 속에 자기들의 거처를 마련하기 위해서였다. 사단의 계획은 적중하여 하나님의 영은 사람을 떠나갔고 그 빈 공간에 더러운 귀신들이 들어오고 말았다.

사람은 원래 육과 혼과 영으로 창조되었다. 이 세 가지 요소가 완전히 일치가 되어서 하나님의 형상을 닮은 사람이 생겨나게 되는 것이다. 그런데 하나님의 영이 들어가야 할 장소에 다른 영-귀신의 영- 이 들어 왔으니 사람은 본래의 의도대로 움직이지 못하고 고장나고 병들 수밖에 없다. 휘발유를 연료로 움직이게 되는 자동차 엔진에 경유를 넣는다면 그 차는 고장나고 움직이지 못하게 된다.

마찬가지로 하나님의 영이 들어와야 할 자리에 귀신의 영이 기름을 부었으니 사람의 육체가 온전치 못하게 되고 말았다. 이렇게 해서 나타난 형상 중 하나가 바로 질병인 것이다.

사실 질병은 육체가 본래대로 움직이지 못하는 상태를 말한다. 간이 간기능을 수행하지 못하면 간암이 되고, 위장이 본래 가능을 수행하지 못하면 위장병이 된다.

우리가 질병에서 치료받기 위해서는 우리의 몸이 창조의 본래 모습을 찾도록 해야 한다. 바로 우리 속에 들어와 있는 귀신의 영을 쫓아내고 거룩한 영-하나님의 영-을 우리 속에 채워야 하는 것이다. 문제는 눈에 보이지 않고 손에 잡히지도 않는 귀신의 영을 어떻게 쫓아낼 수 있느냐 하는 것이다.

생수의 비밀

예수님은 남편 다섯을 거느렸던 수가성 여인에게 말했다(본문 말씀). 예수님은 명절 끝 날에 생수의 비밀에 대하여 또 다시 말씀하셨다.

> 요 7:37~39 "누구든지 목마르거든 내게로 와서 마시라 나를 믿는 자는 성경에 이름과 같이 그 배에서 생수의 강이 흘러나리라 하시니 이는 그를 믿는 자의 받을 성령을 가리켜 말씀하신 것이라"

예수님은 수가성 여인에게 영원히 목마르지 아니하고 영생하도록 솟아나는 샘물을 주었다. 그 생수는 예수 믿는 자가 받을 성령을 가리켜 말씀하신 것이다.

예수님이 주시는 생수는 우리 몸 안에 늘 존재한다는 사실이다. 바로 여기에 예수님이 말씀하신 생수의 비밀이 있다. 우리 몸 안에 생수의 물이 흘러 넘치므로 말미암아 더러운 귀신이 틈 탈 자리를 주지 않는다는 사실이다.

사단과 귀신은 물 없는 곳을 찾아다니는데 이는 사단과 귀신은 물을 싫어한다는 말이 된다. 우리 속에 예수님으로 말미암아

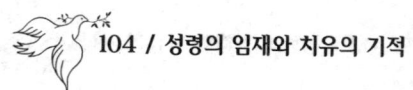

흐르는 생수가 충만할 때 귀신은 틈 타지 못할 것이고, 또 귀신으로 말미암은 질병도 자연스럽게 사라지게 되는 것이다.

치유는 우리 자신의 문제를 해결하고 복음을 효과적으로 전할 수 있는 가장 좋은 하나님의 선물임을 우리는 분명히 알아야 한다.

14

치유가 필요할 때
(막 5:25~34)

예수님의 옷 가에 손을 대어 혈루병을 치유 받았다.

그녀는 열두 해 동안을 멈추지 않고 피가 흐르는 질병으로 고통을 받았다. 그러나 그녀는 주님의 옷 가에 손을 대는 순간에 그녀의 몸을 관통하여 흐르는 치유의 물결을 느꼈다.

그러나 그녀가 주님께 손을 대기도 전에 더 큰 기적이 일어났다.

그녀의 내적 대화가 고통스러운 분노로부터 신실한 기대로 변화된 것이 그것이다. 이 여자의 치유를 주의 깊게 관찰할 때 우리는 우리를 의심으로부터 해방시켜 주고 우리의 진정한 필요들을 주님 앞에 가지고 나아갈 수 있는 담대함을 제공해 주는 강력한 믿음의 능력을 발견하게 된다.

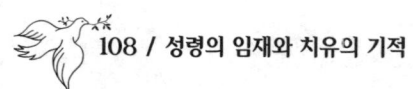

배경을 살펴보면 마 9:20~22, 막 5:25~34, 눅 8:41~48 을 읽을 때

두 가지 기적- 그녀의 생각 속에서 일어난 자신과의 대화에 일어난 기적과 그녀의 육체적인 치료를 초래한 담대하게 주님께 손을 댄 기적을 말할 수 있다.

우리는 그녀가 그렇게 길고 고통스러운 세월동안 자신과 나눈 내적 대화에 어떤 일이 일어났는지를 상상해 볼 수 있다.

그녀는 우선 자부심을 잃었다.
여자로서의 존엄성을 잃었다.
자존심을 잃어버렸다.

접촉해서는 안될 사람으로 간주되어 여러분이 사랑한 사람으로부터 배척을 당하고 사회로부터 부정한 존재로 간주될 경우에 어떻게 말했을까? 생각해 보십시오.

그것은 여러분의 기도를 약화시켰을 것이다. 그렇지 않겠는가? 나는 그 여자가 더 이상 기도할 수 없는 절망의 시점에 이르렀을 것이라고 생각된다. 기도한다고 해서 무슨 소용이 있겠는가?

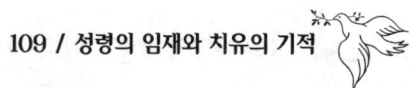

내가 예수님을 만날 수만 있다면?

그녀의 대화가 절망에 처해있을 때 그녀를 해방시켜 주는 생각이 떠올랐다.

그녀는 예수님과 그분의 전능하신 치유사역에 대해 들은 적이 있었다. 그리고 그녀의 마음속에 자리잡고 있었던 의심스런 생각들이 예수님께서 갈릴리 바다를 건너 자기가 사는 가버나움에 오신다는 소식에 도전을 받았다.

그분을 만날 수 있다면.
그분이 사람들이 말한 그분일까? 다른 사람들에게 거절당한 사람들에 대한 사랑과 관심과 애정으로 가득 찬 그분을 만날 수 있다면. 그녀는 자기가 들은 소식에 관해서 생각했을 때 마음속에서 희망이 밀려옴을 느꼈다.

그것은 하나의 생각, 감정인 동시에 욕망이었다. 그녀는 주님을 만나야 했다. 그녀가 들은 모든 소식이 그녀의 내부에 믿음이 씨를 심었다.

그녀는 자신에게 놀랐다. 그녀가 예수님의 치유의 능력과 치유를 받아야 할 필요에 관해서 자신과 대화했을 때 거리낌과 수줍음이 사라져 버렸던 것이다.

어쨌든 그녀는 나사렛 예수를 만나야 했다. 그녀는 숨을 죽

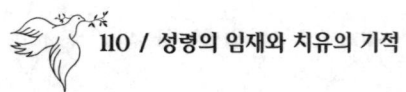

인 채로 희망을 품고 무리 끝으로 다가갔다.

그녀가 주님께서 배 밖으로 나오시는 장면을 보았을 때에도 그녀의 마음 속에서는 확신과 용기의 파도가 물결쳤었다.

그러나 이제는 그 파도가 더 거세졌다. 그녀가 멀리서 그분을 바라보았을 때 그녀 내부의 모든 것이 주님께 이끌렸다. 저 얼굴을 봐! 그녀는 자신에게 말했다.

그 눈은 기쁨과 생기로 춤추고 있었고, 그 웃음은 확신을 전달하고 있었고 그리고 단단한 턱은 단호한 목적을 보여주고 있었다.

그녀가 다시 주님을 바라보았을 때 주님은 다른 모든 사람들을 마주하고 계셨다.

주님의 위엄 있는 모습은 극적인 것이었다. 주님의 흰옷은 밝은 햇빛을 반사하고 있었다. 그녀는 주님의 옷의 가장자리를 감치고 있는 네 솔기를 보았다.

그것들이 그녀의 마음을 온통 사로잡았다. 그녀가 무리의 끝에 서있는 동안 점점 자라는 그녀의 믿음이 그녀가 주님의 옷가를 만지므로 치유를 얻을 수 있다는 믿음이 생겼다. 그 다음으로 일어난 그녀의 행동은 주님께 손을 대고 싶어하는 그녀의 욕구가 일어났다.

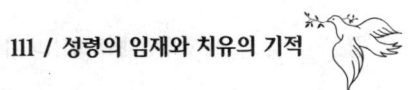

절망에서 신앙으로

그녀의 생각들은 절망으로부터 주님의 옷에 손을 댈 수만 있다면 내 병이 나을텐데! 그녀는 그 말을 되풀이하다가 신비로운 믿음의 선물에 충동을 받아 앞으로 나아갔다.

사람들을 접촉할 수 없는 그녀의 신분이 일시적인 축복이 되었다.

무리들은 그녀가 가까이 다가오는 모습을 보고 그녀 또는 그녀의 손이 자기들의 몸에 닿을까 두려워 물러났다. 두려워하는 사람들이 물러남으로써 길이 훤히 뚫리게 되었다.

그녀는 주님이 걸어가실 때 나부끼는 옷자락을 볼 수 있었다.

주님께 손을 댈 수 있다면 생각했다. 그리고 그녀는 불쑥 앞으로 나섰다.

"한번만 손을 대면 될 꺼야. 한번만 손을 대면 되는 거야." 그리고 나서 그녀는 옷술을 붙잡았다.

바로 그 순간 혈루증을 멈추게 하는 능력, 골수를 관통하고 조직을 치유하는 능력이 그녀를 통과했다. 그리고 그녀는 자기가 치유된 사실을 알게 되었다.

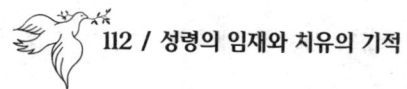

믿음은 치유의 통로다.

예수님께서 그 여자의 믿음을 예수님으로부터 하나님의 치유의 능력이 그녀에게로 전달된 통로로 말씀하신 사실을 주목하라.

믿음은 선물이다.
그것은 예수님의 은혜와 진리에 노출되므로써 심겨지고 자라는 씨앗이다.

우리가 승리하신 주님이신 그분을 만날 때 믿음은 우리 안에서 저절로 생겨난다.

믿음은 바로 예수님을 더 알게될 때 생겨난다.

믿음은 예수님을 바라보고, 성육신 하신 그분의 능력을 증거하는 복음서를 읽고, 주님의 대속의 보혈을 통해 주어지는 그분의 용서를 받아들이기 위해 십자가 앞에 서며, 주님의 부활과 지금 살아 계심을 증거하고, 주님이 지금도 계속 나사렛 예수로서 행하신 바로 그 일을 우리 시대에도 행하고 계신다는 사실을 깨달으면 된다.

믿음은 우리가 자신과 나누는 내적 대화가 기도로 바뀌고 우리의 빈궁한 처지가 우리 삶을 다스리시는 주님의 절대적인 권세에 달려 있음을 고백할 때 우리 안에서 믿음이 방출된다.

예수님은 사랑이 넘치는 치유자이시다.

　주님은 우리 안에 소원을 두시고 우리가 치유보다 자신을 더 원하기를 기다리신다.' 주님은 축복된 교제가운데 자신의 치유의 능력을 방출하신다.

　우리는 주님을 영접할 때 주님의 치유하시는 영이 우리의 마음과 감정과 몸과 태도에 역사하시도록 우리의 필요들을 내어놓는다.

　그리스도께서도 우리가 도움을 구하기 위해 무리를 헤치고 나아가 손길을 뻗을 때 그 사실을 보고, 아시고, 우리를 치유하사 온전케 하신다.

　주님은 우리를 도우실 준비를 갖추고 계신다.
　우리는 주님의 옷자락에 손을 대야 한다.
　우리가 주님께 손을 댈 때 주님의 대답은 "내게 손을 댄 자가

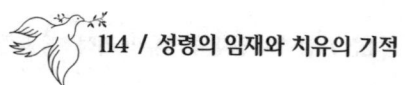
114 / 성령의 임재와 치유의 기적

누구냐"가 아니라 "너를 기다려 왔다, 네가 마침내 내게 올 줄 알고 있었다. 이제 나를 믿어라"라고 하신다.

 우리는 "주여 제가 믿나이다. 저의 믿음 없음을 도우소서"라고 고백해야 한다.

15 치유를 믿어라

네가 무엇을 경영하면 이루어질 것이요
네 길에 빛이 비취리라 (욥 22:28).

치유에 대한 강한 믿음이 우리를 치유로 인도한다.

치유에 대한 믿음이 우리를 건강에 이르도록 해 줄 것이다. 치유를 믿기로 결정하면 하나님의 은혜의 빛이 치유를 구하는 우리의 길을 비춰 줄 것이다.

너희 믿음대로(마 9:28~29)

하나님으로부터 나음을 입을 수 있는 열쇠는 믿음을 갖는 것이다.
 예수께서는 자신이 치유하신 사람들에게 이렇게 말씀하셨다.
 "네 믿음이 너를 낫게 하였느니라"(마 8:13, 9:22, 15:28;

막 5:34, 10:52)

치유의 믿음은 치유의 복을 듣는데서 온다(구원받을 만한 믿음 즉, 치유 받을 만한 믿음이 있었다, 행 14:7~10).

치유에 대한 진리

예수께서는 믿음으로 나오는 모든 사람을 고치셨다. 누구도 거절하지 않고 고쳐 주셨니다. 예수님은 오늘이나 영원히 동일 하시다. 그러므로 믿음으로 주님에게 나오는 자는 거절하지 않고 고쳐 주신다.

예수께서는 우리의 치유에 대한 값을 지불하셨다. 예수님은 십자가에서 우리의 질병을 담당하셨다. 그러므로 질병을 우리가 담당할 필요가 없다.

질병은 내 것이 아니라 마귀의 것이다. 우리는 마귀를 다스릴 권세가 있다. 그러므로 그 질병을 꾸짖어 쫓아낼 수 있다.

예수님의 주된 사역은

마 4:23 "예수께서 온 갈릴리에 두루 다니사 저희 회당에서 가르치시며 천국 복음을 전파하시며 백성 중에 모든 병과 모든 약한 것을 고치시니"

가르치고 전파하시며 고치셨다.

마12:15 "예수께서 아시고 거기를 떠나가시니 사람이 많이 좇는지라 예수께서 저희 병을 다 고치시고"
마 8:16 "저물매 사람들이 귀신 들린 자를 많이 데리고 예수께 오거늘 예수께서 말씀으로 귀신들을 쫓아내시고 병든 자를 다 고치시니"
눅 6:19 "온 무리가 예수를 만지려고 힘쓰니 이는 능력이 예수께로 나서 모든 사람을 낫게 함이러라"
행 5:15~16 "심지어 병든 사람을 메고 거리에 나가 침대와 요 위에 뉘우고 베드로가 지날 때에 혹 그 그림자라도 누구에게 덮일까 바라고 예루살렘 근읍 허다한 사람들도 모여 병든 사람과 더러운 귀신에게 괴로움 받는 사람을 데리고 와서 다 나음을 얻으니라"

값이 지불된 치유(사 53:5)

연약함과 질병을 지셨다. 이제 우리는 이것을 질 필요가 없

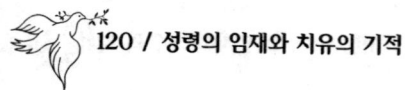

다(마 8:16~17).

질병은 악한 것에서 나온다. 질병은 마귀의 것이다. 우리는 마귀와 관련된 것을 그 무엇이라도 원치 않는다.

행 10:38 "하나님이 나사렛 예수에게 성령과 능력을 기름 붓듯 하셨으매 저가 두루 다니시며 착한 일을 행하시고 마귀에게 눌린 모든 자를 고치셨으니 이는 하나님이 함께 하셨음이라"

말씀을 붙들고 마귀를 꾸짖을 때 하나님의 능력이 우리 안에 들어온다.

약 4:7 "그런즉 너희는 하나님께 순복할지어다 마귀를 대적하라 그리하면 너희를 피하리라"

믿는 자의 권세(눅 9:1~6)

예수님의 말씀은 말씀되어진 대로 받아들여질 때 아주 놀라운 일이 일어난다.

그 말씀은 분명하고 능력이 있다.

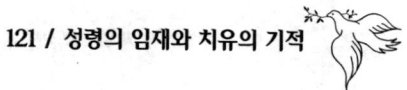

눅 4:32 "저희가 그 가르침에 놀라니 이는 그 말씀이 권세가 있음이러라"

우리는 언제나 우리를 바라보지 말라고 한다.

만일 다른 사람들이 우리에게 도움을 청한다면 실망할 수밖에 없을 것이라고 말한다. 우리는 우리에게 기대하지 말아야 한다. 우리는 아무 것도 가진 것이 없기 때문이다.

내게 있는 것으로 네게 주노니
그러나 베드로는 그 반대로 말하였다.

행 3:4~6 "베드로가 요한으로 더불어 주목하여 가로되 우리를 보라 하니 그가 저희에게 무엇을 얻을까 하여 바라보거늘 베드로가 가로되 은과 금은 내게 없거니와 내게 있는 것으로 네게 주노니 곧 나사렛 예수 그리스도의 이름으로 걸어라 하고"

베드로가 앉은뱅이에게 예수의 이름으로 일어나 걸으라고 말한 후에, 그는 행 3:12~13에서 그 기적을 행한 것은 부활하신 그리스도의 능력이라고 설명했다.
그러나 그 능력은 베드로에게 있었다. 그리고 행2:39에 보면 그 능력은 모든 믿는 자에게 약속되어 있다.

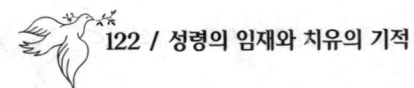

오늘날 성도들이 베드로가 가졌던 것과 동일한 권세를 지니고 있는 것은 사실이다. 오늘날 모든 성도들은 초대교회 성도들이 행했던 바로 그 일을 그들이 옛날에 행했던 꼭 그대로 오늘날 예수의 말씀을 좇아 행함으로 행할 수 있다.

이러한 능력에 가득 차 있는 우리도 역시 "내게 있는 것으로 네게 주리라고" 말할 수 있고 그리고 앉은뱅이가 일어나 걷는 것을 볼 것이다.

우리는 「나는 너무나 작고 연약합니다」라고 말한다.
그러나 하나님께선 연약한 사람들에게 조차도 능력이 되신다.

출 4:10 "모세가 여호와께 고하되 주여 나는 본래 말에 능치 못한 자라 주께서 주의 종에게 명하신 후에도 그러하니 나는 입이 뻣뻣하고 혀가 둔한 자니이다"
사 6:5 "그때에 내가 말하되 화로다 나여 망하게 되었도다 나는 입술이 부정한 사람이요 입술이 부정한 백성 중에 거하면서 만군의 여호와이신 왕을 뵈었음이로다"

이러한 일로 인해 하나님께서는 "세상의 미련한 것들을 택하사 지혜 있는 자들을 부끄럽게 하려 하시고 세상의 약한 것들을

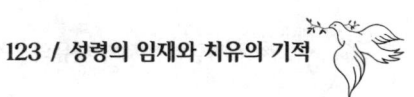

택하사 강한 것들을 부끄럽게 하려하신다"(고전 1:27).

예수님께서는 다음과 같이 말씀하셨습니다.

"나를 떠나서는 너희가 아무것도 할 수 없음이라"(요 15:5)

하나님의 말씀은 우리가 자신이 연약하다고 느낄 때 우리가 강해진다는 것을 선언한다.

육신의 생각은 이러한 사실을 결코 이해하지 못할 것이며, 육에 속한 사람 역시 이 사실을 이해하지 못할 것이다.

롬 8:7 "육신의 생각은 하나님과 원수가 되나니 이는 하나님의 법에 굴복치 아니할 뿐 아니라 할 수도 없음이라"
고전 2:14 "육에 속한 사람은 하나님의 성령의 일을 받지 아니하나니 저에게는 미련하게 보임이요 또 깨닫지도 못하나니 이런 일은 영적으로라야 분별함이니라"
요 14:12 "나를 믿는 자는 나의 하는 일을 저도 할 것이요 또한 이보다 큰 것도 하리니 이는 내가 아버지께로 감이니라"

우리가 이 사실을 믿고 우리가 이러한 권세로 행동할 때 우

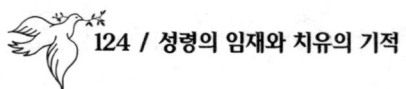

리는 엄청난 능력을 갖게 됩니다. 바울은 우리는 그리스도를 대신하는 사신이다(고후 5:20)라고 말했다. 우리는 그리스도를 대신하는 대표자로서 행동해야 한다.

바울은
갈 4:7 "그러므로 네가 이후로는 종이 아니오 아들이니 아들이면 하나님으로 말미암아 유업을 이을 자니라"

바울은 롬 8:7 "자녀이면 또한 후사 곧 하나님의 후사로 그리스도와 함께 한 후사니"

예수님께서
"나를 믿는 자는 나의 하는 일을 저도 할 것이오 또한 이보다 큰 것도 하리니 이는 내가 아버지께로 감이니라"(요 14:12)고 말씀하셨다.

그래서 우리는 하나님의 자녀로서, 하나님의 상속자로서 우리의 자리를 차지해야 한다. 요 14:12에 따라 그리스도와 이런 동등한 권세를 지녔음으로 우리의 위치를 지키며, 예수님을 대신하여 대행 자로서의 역할을 감당하고 아버지 하나님에 의해 약속된 축복을 세상에 나타내어야 한다.

우리는 승리자가 될 수 있습니다.

　예수 그리스도께서 할 수 있다고 말씀하신 모든 것을 할 수 있다. 예수님께서는 믿는 자들이 병든 자에게 손을 얹은 즉 나으리라고 말씀하셨다. 즉, 하나님께서 말씀을 지키실 것을 기대하면서 우리가 손을 병자에게 얹을 때 이러한 일은 그대로 일어날 것이다.
　예수님께서는 내 이름으로 귀신을 쫓아낼 것이라고 말씀하셨다. 또 예수님께서는 우리에게 모든 마귀를 제어할 능력과 권세를 주셨다.

나는 모든 일을 할 수 있습니다.

　우리가 할 수 없다는 것을 시인하면 우리는 영적으로 결코 성장할 수 없다. 하나님께서 그의 말씀을 통해 말씀하신 것에 따라 나도 할 수 있다는 것을 선언하는 증거로 하면 승리할 수 있다.

　바울은
　빌 4:13 "내게 능력 주시는 자 안에서 내가 모든 것을 할 수 있느니라"

즉, 바울은 그가 할 수 없는 것에 대해서는 말하지 않고 오직 할 수 있는 것에 대해서 말했다. 그래서 우리는 하나님께서 할 수 있다고 말씀하신 모든 것을 나도 할 수 있다는 사실을 믿어야 한다.

우리가 하나님의 말씀을 믿을 때 우리는 항상 승리한다(고후 2:14).

하나님께서 모세와 함께 계셨다면, 하나님께서 우리와 함께 계실 것이다. 하나님께서 모세와 함께 있었던 것처럼 여호수아와 함께 있겠다고 약속하셨을 때, 하나님께서는 모세와 함께 있었던 그대로 우리와도 함께 계실 것이라는 것이다.

이 시대는 우리의 것입니다.

우리는 사로잡힌 자들을 자유롭게 해야 한다. 눈이 먼 사람들의 눈을 뜨게 해야 한다. 사탄의 속박과 그가 만든 병을 끊어 버려야 한다. 이 세상은 우리 믿는 자들에게 달려 있다.

우리는 우리 안에서 할 수 있는 능력을 지니고 있다.
그 능력은 하나님에 의해서 주어졌다. 그 능력대로 우리는

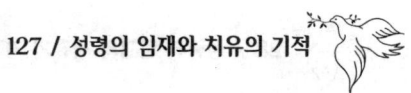

바로 행해야 되고, 예수의 이름으로 행하면 승리자가 된다.

하나님께서는 우리를 사용하실 것입니다.

하나님께서는 오늘날을 위해서 사람을 필요로 하신다. 하나님은 우리를 필요로 하신다. 오늘날을 위해서 도구가 되어야 한다.

눅 1:37 "대저 하나님의 모든 말씀은 능치 못하심이 없느니라"고 말씀하셨다.

마 17:20 "너희가 못할 것이 없느니라"

16 영적 치유

평강의 하나님이 친히 너희로 온전히 거룩하게 하시고 또 너희 온 영과 혼과 몸이 우리 주 예수 그리스도 강림하실 때에 흠없게 보전되기를 원하노라 (살전 5:23).

인간의 영은 하나님과 교제를 하며, 영은 혼을 충동하며, 혼은 육을 지배한다.

인간은 땅과 물질적인 세상의 기쁨을 즐길 수 있는 동시에 하나님을 기뻐하고 하늘의 영광을 즐길 수 있었다. 그러나 인간이 죄를 지음으로 말미암아 하나님과의 교제가 깨어져 버렸다. 사단은 에덴동산에서 아담과 하와를 시험했다.

"먹음직도 하고 보암직도 하고, 감정에 지혜롭게 할 만큼, 의지에 하나님과 같이 되어 선악을 알 줄을"은 지성에 충동한 것이다. 사탄은 인간의 혼을 유혹한 것이다.

영적 치유란 어떤 사람의 영적인 삶 즉, 하나님과의 관계가 회복되거나 새로워지는 것을 말한다.

　구원받을 때 인간의 영은 하나님에 의해 다시 소생하게 된다. 그리고 영적으로 다시 태어나게 되며, 그리스도안에서 새로운 피조물이 된다.

　가장 심오하고도 우선적인 영의 치유는 인간이 진정으로 회개할 때 하나님이 베풀어주시는 것이다. 하나님의 구원의 역사를 받아들일 때 인간의 영은 치유를 받을 수 있으며, 계속해서 용서를 체험해 나갈 때 영적인 건강을 유지할 수 있다.

　눅 7:36~50에서 여인은 죄를 범함으로써 영적으로 병들어 있었으며, 그러한 사실을 본인도 인식하고 있었다. 그녀는 여러 사람 앞에서 예수님께로 나아와 한마디의 말도 없이 통회하는 심정을 행동으로 표현했다. 그녀는 눈물을 통해 정서적인 치유가 이루어졌다. 그녀가 값비싼 향유를 예수님께 부어드렸던 것은 자기가 지닌 모든 것을 주님께 바침으로써 용서와 죄사함을 받게 되기를 간절히 원하고 있음을 표현하고 있다.

　그녀는 영혼을 깨뜨려 부음으로써 그리고 헌신된 자세를 통해서 예수님의 자비에 대한 자기의 믿음을 여러 사람 앞에서 드

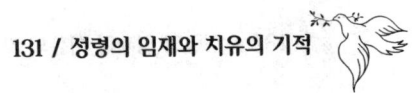

러내었다. 이로써 그녀는 용서받을 수 있었다. 예수님의 용서를 받은 그녀는 치욕적인 사회적 악인의 굴레로부터 해방될 수 있었으며, 다시 한번 건강한 관계 속에서 삶을 살아갈 수 있게 되었다.

시 32:3~4 "내가 토설치 아니할 때에 종일 신음하므로 내 뼈가 쇠하였도다 주의 손이 주야로 나를 누르시오니 내 진액이 화하여 여름 가물에 마름같이 되었도다"

(죄는 몸과 마음에 심각한 영향을 준다.)

용서의 중요성

육체적인 질병의 치유가 일어나려면 그 이전에 먼저 죄의 용서나 내적 치유가 선행되어야 한다. 가장 중요하게 여겨 회개해야 할 것은 원한과 분노이다.

사랑이야말로 하나님의 치유 능력이 우리 속에 흘러 들어오는 것을 가로막고 있는 냉담함, 상한 감정, 원한의 쓴 마음을 허물 수 있는 최선의 처방이다.

치유의 방법

죄를 인식함.

모든 사람은 자기의 죄를 안다. 그들이 하나님께 대하여 잘못했다고 동의할 때, 그들의 영, 혼, 몸에 하나님의 치유가 일어날 것을 허용하는 것이다.

죄를 자백함.

죄를 자백하는 것은 죄를 인식하는 것보다 한 단계 더 나아가는 것이다. 즉, 기도를 통하여 하나님께 죄를 지었음을 시인하고 용서를 구하는 것이다.

하나님의 용서를 받아들임.

어떤 사람들은 죄를 자백하고 회개하고도 하나님의 용서를 완전히 받아들이지 않는 경우가 있다. 겸손한 마음으로 하나님의 용서의 은혜를 받아들여야 한다. 그리고 죄가 씻어졌음을 알아야 한다.

다른 사람을 용서함(마 6:14~15)

내적 치유의 목표

내적 치유의 목표는 쓰라린 과거의 속박으로부터 해방시켜서 미래에 대한 두려움이 없이 온전한 현재의 삶을 살도록 하는 것이다.

우리는 예수님께서 우리 삶의 어두운 자리들에 걸어 들어오셔서, 과거의 괴롭고 고통스러운 기억들을 치유해 주시기를 간절히 바라야 한다. 우리는 두려움, 증오, 배척감을 주었던 사람을 용서하지 못하는 마음에 예수님을 모셔들여야 한다.

기억나게 함(눅 24:18).

예수님은 친절하게 질문하시고 조용히 그들의 이야기를 들어줌으로써 상처난 마음을 가진 제자들이 그들에게 슬픔을 가져다 준 이야기를 나누도록 하셨다. 그들은 부당한 재판 과정, 십자가 처형의 끔찍함 그리고 구세주에 대한 사라진 소망 등을 기억하며 이야기했다.

표출하심(눅 24:19).

예수님은 그들의 쓰라린 경험을 기억나게 하여 그들의 깊은 상처와 감정을 표출하도록 이끄셨다.

연결시킴(눅 24:19)

그들의 과거 경험을 되살리고 그것을 표출함으로써 그들의 현재 감정과 그것을 야기시킨 과거의 경험을 연결시킨 것이다. 연결은 원인과 믿음 그리고 정서적 영향 사이에 이루어지는 것이다.

고백시킴(눅24:22).

이러한 기억을 되살림으로 제자들은 그들의 불신앙에 대해 고백하게 되었다.

깨닫게 해줌(눅 24:25~27).

예수님은 그들의 어둠가운데 빛을 주셨고, 낙망가운데 믿음을 주셨다. 예수님은 그들의 죄의식을 용서로, 증오를 사랑으로, 슬픔을 기쁨으로 바꾸셨다.

기름부음(눅 24:31~37).

성령의 기름부음을 받은 제자들이 예수님께서 자기들과 함께 계시고 말씀하고 계심을 안 것과 같이 오늘날 우리들도 성령

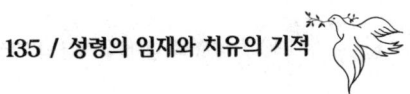

의 기름 부으심에 의해서 성경 말씀이 우리에게 하시는 말씀인 것을 듣게 되며, 예수님이 실제로 함께 하심을 알게 된다.

인지하게 함(눅 24:31)

성령의 기름 부으심은 우리의 삶이 주님 안에 있음을 인지하게 한다. 주님은 결코 우리를 실망시키거나 버리지 아니하심을 믿게 하신다.

회개함(눅 24:35)

성령의 능력에 의한 주님의 기름 부으심은 마음의 급격한 변화를 가져오게 한다(불신앙에서 믿음으로, 죄의식에서 깨끗함으로, 원망에서 용서로).

확증함(눅 24:32~35)

예수님은 계시와 임재 그리고 기름 부으심을 통해서 새로운 믿음의 체험을 확증하게 해주신다.

마음을 소생케 함(눅 24:32~35)

상한 마음의 치유는 이제 눈물과 기쁨을 넘쳐흐르게 만든다. 원한은 마음으로부터 시작되어 영을 아프게 하고, 신체에 병을 가져온다. 관절염, 궤양, 암, 신체적 질병은 마음에 품고 있는 원한으로부터 온다. 그러므로 신체적 질병의 치유를 위해서 우선 죄 용서함, 감정의 치유가 일어나야 한다.

성령의 임재와 치유의 기적

인쇄일 • 2001년 9월 10일
발행일 • 2001년 9월 20일
지은이 • 이상열
펴낸이 • 장사경
펴낸곳 • 은혜출판사
출판등록 • 제 1-618호(1988. 1. 7)
주소 • 서울 종로구 숭인2동 178-94
전화 • 744-4029, 762-1485 / FAX • 744-6578, 080-023-6578

ⓒ1996 Grace Publisher, Printed in Korea
ISBN 89-7917-409-8   03230

▶ **은혜기획** : 기획에서 편집까지 저렴한 가격으로 출판대행
(T) 744-4029, (F) 744-6578